EXCUSEZ-MOI,
JE SUIS EN
DEUIL

Catalogage avant publication de Bibliothèque et Archives nationales du Québec et Bibliothèque et Archives Canada

Monbourquette, Jean
Excusez-moi, je suis en deuil
Comprend des réf. bibliogr.
ISBN 978-2-89646-359-6

1. Deuil - Aspect psychologique. 2. Personnes endeuillées. 3. Travail de deuil. 4. Funérailles - Rites et cérémonies. I. Aspremont, Isabelle d'. II. Titre.

BF575.G7M66 2011   155.9'37   C2010-942780-7

Dépôt légal – Bibliothèque et Archives nationales du Québec, 2011
Bibliothèque et Archives Canada, 2011

Réimpression 2012

Collaboration à la rédaction et révision : Josée Latulippe
Mise en pages et couverture : Mardigrafe
Photo de la couverture : © Photos. com

© Les Éditions Novalis inc. 2011

Nous reconnaissons l'aide financière du gouvernement du Canada par l'entremise du Fonds du livre du Canada (FLC) pour des activités de développement de notre entreprise.

Cet ouvrage a été publié avec le soutien de la SODEC. Gouvernement du Québec – Programme de crédit d'impôt pour l'édition de livres – Gestion SODEC.

4475, rue Frontenac, Montréal (Québec) H2H 2S2
C.P. 990, succursale Delorimier, Montréal (Québec)   H2H 2T1
Téléphone : 514 278-3025 – 1 800 668-2547
NOVALIS   sac@novalis.ca • www.novalis.ca

Imprimé au Canada

Offert en version numérique
978-2-89646-807-2
numérique   www.novalis.ca

JEAN **MONBOURQUETTE** | ISABELLE **D'ASPREMONT**

EXCUSEZ-MOI, JE SUIS EN DEUIL

Les petits groupes d'endeuillés remplaceront-ils les rituels funéraires traditionnels ?

NOVALIS

REMERCIEMENTS

Nous voulons exprimer toute notre gratitude au père Jacques Croteau qui, frappé d'une cécité partielle, parvient malgré tout à corriger nos écrits. Nous lui devons en particulier la clarté des textes. Nous remercions également Nathalie Viens, qui a accepté de lire notre manuscrit et dont les remarques judicieuses ont grandement contribué à l'améliorer.

Nous désirons exprimer notre reconnaissance aux personnes endeuillées qui ont consenti à nous confier leur affliction et leur douleur. Nous considérons leur ouverture et leur partage comme une marque de confiance. Si nous nous sommes servis de leur expérience pour enseigner aux autres deuilleurs, qu'elles soient assurées de notre entière discrétion. Dans le respect de notre engagement à la confidentialité, nous avons bien entendu modifié les circonstances et les détails des histoires concernant leur deuil.

Enfin, nous exprimons toute notre gratitude à Josée Latulippe, l'inlassable correctrice de nos ouvrages.

INTRODUCTION

Le deuil est devenu un comportement
social déviant, voire criminel,
que notre société fondée sur le trinôme
« santé-jeunesse-bonheur » ne tolère plus.

Sandro Spinsanti

« Excusez-moi, je suis en deuil ! » Ces paroles, nous les avons entendu prononcer par une récente veuve. Assise à une table d'un restaurant, elle avait honte de verser des larmes devant son hôtesse. Nos contemporains ont l'épiderme sensible : ils ne supportent pas que nous parlions de mort et de deuil, mots devenus tabous pour eux. Nous ne pouvons plus évoquer ces sujets sans créer chez nos vis-à-vis un climat d'ennui et de mélancolie, voire de dépression. Nos conversations sur ces propos sont réservées au cabinet du psychologue, et encore là, elles ne sont pas toujours bien reçues. Si nous abordons le thème de la mort et des questions connexes, nous sommes considérés comme des trouble-fêtes et des rabat-joie.

Si le déni social de la mort et du deuil prévaut, que dire du sort des endeuillés eux-mêmes ? Ils se sentent malvenus dans une société qui adopte un « non-dit » devant ces réalités déjà pénibles à vivre. Au beau milieu d'une société réfractaire à la mort, les membres d'une famille qui vient de perdre un être cher ne savent plus comment se comporter et évoluer dans leur état de deuil. Notre société a perdu une sagesse d'autrefois, celle de réconcilier la vie à la mort.

Par ailleurs, le deuil n'appartient pas tant à la famille qu'à la communauté proche. Déjà bouleversés par la disparition d'un être cher, les membres de la famille en deuil n'ont certes pas la tête à créer et à préparer des rituels funéraires. Autrefois, c'était les autorités paroissiales, aidées de l'entrepreneur des pompes funèbres, qui s'occupaient de planifier le parcours funéraire, de l'embaumement jusqu'à l'enterrement au cimetière. Mais on idéalise trop souvent le bon vieux temps... faudrait-il le regretter?

Nous connaissons des endeuillés qui, après avoir vécu les rituels funéraires conformes à la tradition, restent bloqués dans la résolution de leur deuil jusqu'à en devenir malades : malaise existentiel, sentiment lancinant de culpabilité, dépression, et même suicide. Leur état morbide s'explique par l'ignorance psychologique et spirituelle du deuil. Les avancées sur la connaissance psychologique du deuil et sur son déroulement sont plutôt récentes et encore méconnues. L'abandon des rites funéraires traditionnels rend la question du deuil plus aiguë et devient un problème de société. L'art de faire son deuil s'est grandement perdu. Certains deuilleurs ont la chance d'avoir accès à des soins thérapeutiques, entre autres à des groupes d'entraide en vue de traverser leur deuil. Cette aide leur permet d'accéder à une croissance psychologique et à une sagesse.

Nous travaillons depuis plus de trente ans sur les questions de deuil et nous écrivons sur le sujet; nous ne sommes pas pour autant des spécialistes infaillibles. En effet, qui oserait prétendre être un maître dans un domaine aussi sensible et délicat que celui de la souffrance humaine?

Nous souhaitons présenter ici des explications sur les façons de vivre le deuil, mais, plus encore, nous aimerions susciter chez les deuilleurs l'espoir, l'assurance et l'allégement de leur douleur. Ainsi, ils sortiront de leur deuil grandis et enrichis d'une grande sagesse à l'égard de la mort.

Le deuil est une réaction personnelle et collective variable en fonction des sentiments et des contextes liés à une perte. Cette réaction commence par un sain déni et se termine par l'acceptation libre d'un attachement impossible. Dans le cadre de cet ouvrage, nous étudierons principalement le deuil causé par le décès d'un être cher, processus qui vise à créer avec lui des liens nouveaux, d'une autre nature.

L'objectif principal de notre ouvrage est d'accompagner les deuilleurs, en particulier ceux qui ignorent comment faire le deuil d'un être cher. Bon nombre de deuilleurs subissent l'influence d'une société récalcitrante à la mort et au deuil, résistant à vivre leur cheminement. Pour calmer leur stress et leur mal-être, ils ont recours à toutes sortes de stratagèmes, dont la médication à outrance, la boisson et les drogues.

Le présent ouvrage dénonce tout d'abord le déni, tant individuel que familial et social de la mort et du deuil. Nous décrirons ensuite les étapes du deuil, ainsi que les résistances possibles. En lien avec celles-ci, nous apportons des pistes de solution permettant de résoudre les blocages au processus de deuil. Nous verrons également les divers facteurs pouvant influencer l'évolution d'un deuil, ainsi que certains deuils plus compliqués. Afin d'épargner aux lecteurs la sécheresse d'un exposé théorique, nos propos seront parsemés d'anecdotes tirées de notre expérience. Avec ces histoires vécues, nous souhaitons aider nos lecteurs à mieux saisir le déroulement des phases du deuil.

Un chapitre sera consacré à la question des rites funéraires. Nous y étudierons les bienfaits et les méfaits des rituels funéraires. En conclusion, nous nous poserons la question suivante : les groupes de parole sur le deuil ont-ils remplacé les rituels funéraires?

CHAPITRE 1

Le déni social de la mort et du deuil

*La découverte de la mort fait accéder
les peuples et les individus
à la maturité spirituelle.*

Miguel de Unamuno

Psychologues, sociologues, anthropologues et thanatologues s'inquiètent de la baisse alarmante des rites funéraires, notamment avec l'augmentation de la pratique de crémation des morts. Or, depuis les origines, les rites funéraires font partie des cultures et des civilisations qu'on qualifie à tort de primitives. La réduction actuelle des rites funéraires à leur plus simple expression serait-elle un signe de déshumanisation de l'être humain ?

Luce Des Aulniers, anthropologue au Centre d'études sur la mort à l'UQAM, déplore aussi le fait que les rites funéraires soient désocialisés, que les gens s'excusent même, une semaine après les obsèques d'un proche, de montrer leurs larmes en public. Les endeuillés se sentent coupables de créer un climat de morbidité et de tristesse autour d'eux ; ils ne se donnent pas le temps de traverser leur deuil : « *The show must go on !* affirme Mᵐᵉ Des Aulniers.

Mais non, la vie s'est arrêtée, et on ne prend plus le temps de regarder en quoi la vie s'arrête » (dans une entrevue présentée sur le DVD *Vivre sans l'autre*, de la Maison Monbourquette).

Les rituels sont définis comme l'ensemble des cérémonies du culte en usage dans une communauté religieuse ou pratiquées par tradition au sein d'une organisation. Ils font partie de l'ensemble des rituels existants : rites publics (exotériques), rites secrets (ésotériques), rites funèbres, rites d'initiation et rites de passage.

Qui est responsable des rites funéraires ?

Il n'y a pas si longtemps encore, lorsqu'un des membres d'une famille décédait, les arrangements funéraires n'appartenaient pas tant à la famille qu'à la communauté qui se mobilisait pour permettre à celle-ci de faire son deuil en toute liberté d'esprit. On devait en effet protéger la famille éprouvée, pour l'aider à bien vivre son deuil ; sinon, les deuilleurs risquaient éventuellement de déranger la paix de la communauté. Les responsables de l'Église locale, en collaboration avec le directeur du salon funéraire, étaient chargés d'organiser le parcours funéraire et les rites appropriés. La famille endeuillée se conformait à leurs directives pour disposer du corps de leur défunt d'une façon respectueuse, officielle et solennelle.

Aujourd'hui, on observe un net manque de leadership dans la plupart des rituels funéraires. Ce que la communauté apportait autrefois lors de la perte d'un être cher ne se limitait pas à une consolation évidente : c'était aussi un rituel nécessaire, un cérémonial, même accompli sans faste, comme une ultime politesse, devant la mort de l'autre. Les rituels permettaient à la famille et aux proches d'affronter le décès et de l'accueillir sur le plan psychologique et social.

Tous ces rites étaient un début d'acceptation de la mort, surtout après le choc de la nouvelle malheureuse. On tenait une veillée funèbre au sein de la maisonnée, avec des prières et des symboles, comme la couronne mortuaire accrochée à la porte, des brassards

LE DÉNI SOCIAL DE LA MORT ET DU DEUIL

noirs pour les hommes et des vêtements noirs et gris pour les femmes, avec des silences et des attitudes réservées. Suivaient la procession de la dépouille, les funérailles, l'enterrement au cimetière, etc. C'était la manière d'antan d'apprivoiser l'effroi et la frayeur de la mort, de les humaniser et, sans doute, de les civiliser. Aujourd'hui, il arrive souvent que l'on dispose de la dépouille d'une personne comme s'il s'agissait d'un animal. Même les civilisations dites primitives ne commettaient pas une telle indignité envers leurs morts! Les rituels humains non seulement signalent cette différence, mais la soulignent et la confirment.

Depuis une trentaine d'années, tout est bouleversé. On s'acharne à ne pas penser à la mort inéluctable et à éviter le travail du deuil. Un oncologue me racontait qu'après avoir annoncé à une famille la mort prochaine d'un de ses membres, il s'était fait traiter d'incompétent : il n'avait pas accompli son travail de médecin d'une façon consciencieuse. La famille croyait sans doute que la science médicale aurait dû guérir le cancer de leur proche.

Le déni social du deuil

Quand aujourd'hui quelqu'un tient à manifester la douleur de son deuil, il est poliment rejeté, un vide social se crée autour de lui. Il existe un lieu caché, jamais assez invisible, pour les morts et les tombes. Les endeuillés qui ont la témérité d'afficher leur tristesse en public et ceux qui refusent de faire semblant de ne pas souffrir se voient bannis de l'entourage social. Ainsi, les deuilleurs qui osent vivre leur deuil finissent par le faire en catimini.

Il existe un ghetto pour les vieux et pour les mourants ; on meurt dans les hôpitaux ou dans des mouroirs appropriés, mourir chez soi parmi les siens est presque impensable. On évite tout ce qui touche à la mort. La mort a pris des allures de trouble-fête ;

le simple fait de prononcer le mot « mort » fait sursauter un bon nombre de personnes. Les médias présentent constamment de jeunes personnes jouissant des plaisirs de la vie : par exemple, une publicité de bière laisse entendre que les jeunes éprouvent une véritable euphorie du seul fait d'être rassemblés autour d'une bière. Quant aux personnes âgées, la publicité leur promet des cures de jeunesse, comme si l'on remettait en question la mort elle-même.

Comment expliquer la perte des rituels ?

Les valeurs à la mode

Les valeurs de la modernité ne permettent pas d'initier des rituels qui exigent beaucoup de temps. On s'est converti à la devise « le temps, c'est de l'argent ». On ne prend plus le temps de réfléchir ni de s'intérioriser. La productivité, la rapidité, la consommation, l'illusion créée par des techniques médicales incontournables, la peur de souffrir, etc., toutes ces réalités encouragent les personnes à ne plus penser à la mort et à croire qu'elles vivront éternellement.

La mobilité urbaine a remplacé la stabilité et la tranquillité de la vie rurale. Dans la cité, on ne connaît plus ses voisins, mais on se rassemble selon une affinité d'intérêts comme le sport, les loisirs, la culture, etc.

Notre société en général est pressée et même bousculée par toutes ses tâches quotidiennes. Nous ne nous permettons que rarement des périodes improductives et gratuites. Conséquemment, nous refusons de nous accorder du temps libre pour « faire » nos deuils. Lors d'un décès, l'élimination de la dépouille mortelle s'effectue de façon expéditive, cavalière même : mort à l'hôpital, incinération par le thanatologue, remise des cendres du défunt. Au travail, trois jours de congé sont prévus pour le temps du deuil. Aussi les patrons s'attendent-ils à voir revenir les endeuillés le plus rapidement possible. La précipitation urbaine supporte mal qu'on prenne le temps d'accomplir des rites funéraires.

La perte du sens de la communauté

La perte de la communauté et du surmoi social véhiculé par la religion font qu'on réduit au maximum les rites funéraires, considérés inutiles et improductifs. La dispersion des familles et des populations ne favorise pas l'accomplissement des rituels.

Dans un tel contexte, il devient de plus en plus difficile de trouver des créateurs de rituels funéraires décents. Jadis, les chefs ou les anciens favorisaient l'application des rites funéraires traditionnels. Aujourd'hui, ceux-ci sont laissés au bon vouloir de membres de la famille qui, sous le choc, parviennent difficilement à célébrer l'événement.

Une question se pose : « Qui devrait prendre l'initiative de créer des rites funèbres lors du décès d'un être cher ? » Les prêtres ? Les entrepreneurs de pompes funèbres ? Les amis ? Ou bien on ne fait que suivre la volonté exprimée par le défunt ? Vraiment, on fait face à un flou, à un vide social. Impossible de s'y soustraire.

S'ils ne sont pas éduqués et convaincus de la nécessité des rites funéraires, les proches décident souvent d'aller au plus rapide : faire incinérer la dépouille sans accomplir des cérémonies appropriées. Ils le font aussi parfois pour des raisons économiques.

La diminution de la pratique religieuse

La religion traditionnelle régissait et célébrait toutes les transitions importantes de la vie. Au fur et à mesure que l'on perd le sens de la communauté et du consensus social, on ne marque plus les événements importants de la vie d'un individu, comme la naissance et la mort. On observe une redéfinition des rapports avec la société civile et religieuse. L'individualisme moderne conçoit la vie comme étant de plus en plus indépendante de la société. Les gens n'entretiennent plus de rapports affectifs avec la communauté, si ce n'est des rapports légaux, lorsque c'est nécessaire.

L'incinération est à la mode

Nombre de personnes âgées se sentent aujourd'hui de trop dans une vie aussi trépidante et de plus en plus rapide. Elles ne veulent pas déranger leurs proches après leur décès et, parfois, elles ne font pas tellement confiance à leurs descendants pour leur assurer une sépulture décente. Elles préfèrent donc ne pas les encombrer après leur mort. D'où le choix de l'incinération, qui les fait disparaître de plus en plus vite.

De plus en plus, les arrangements funéraires ne comportent rien d'autre qu'une incinération rapide. La raison souvent invoquée par les membres de la famille pour éliminer le corps le plus vite possible est la volonté de « soulager » la peine des proches. Ils croient qu'en agissant ainsi, ils réduisent le stress et la fatigue des endeuillés. Au contraire, ils favorisent le déni du deuil. Tout ce que les deuilleurs n'auront pas fait à la mort d'un proche, ils devront le vivre tôt ou tard, sous peine d'être en proie à un malaise troublant et à une culpabilité latente.

Lors de nos conférences sur le mourir, nous insistons sur la nécessité de l'exposition du corps pour que les parents, amis et
connaissances puissent mieux prendre conscience du décès de
l'être cher. La nouvelle de la mort de quelqu'un nous affecte,
certes, et rien ne pourrait remplacer l'effet bénéfique de la vue du
corps du défunt, de le toucher et même de le sentir froid.
L'inconscient des deuilleurs peut alors se convaincre que le décès
a bel et bien eu lieu.

La médicalisation du deuil

L'abolition des rituels funéraires, le manque de soutien de la communauté et l'absence d'accompagnement normal conduisent illico
les endeuillés chez leur médecin. Désireux d'apaiser leur souffrance,
celui-ci leur prescrit des antidépresseurs ou des anxiolytiques, selon
les besoins du demandeur : comment retrouver le sommeil ?
Comment sortir de leur état de détresse ? Comment se redonner
le goût de vivre ? Pour un mieux-être, la médication s'avère utile
et même nécessaire. Ce que nous dénonçons ici, c'est l'abus et
l'accoutumance.

Souvent, la consommation abusive de ces médicaments ne fait
que retarder le travail du deuil. Elle engourdit momentanément le
sentiment de dépression de la personne. L'état de tristesse, les
larmes toujours à l'œil, la léthargie du deuil et les souvenirs restent incompatibles avec une vie active et « productive ». De
nombreux endeuillés ne comprennent pas encore que le fait de
médicaliser leur deuil nuit à son évolution normale et à sa résolution. La prise en charge du deuil devrait davantage aller vers les
domaines de la psychologie et de l'aide sociale : l'écoute empa-
thique et l'appartenance à une communauté restent les « meilleurs
remèdes » pour faire progresser la résolution du deuil.

La responsabilité des entrepreneurs de pompes funèbres

Il arrive que des entrepreneurs de pompes funèbres adoptent un rythme effréné. À Los Angeles, certains entrepreneurs ont inventé une stratégie afin de gagner du temps aux survivants : ils exposent le corps incliné devant une vitrine. Sans même descendre de leur voiture, les visiteurs passent tout simplement devant ladite vitrine, comme on le fait à la commande à l'auto des comptoirs de restauration rapide, et ils déposent leur carte mortuaire dans une boîte placée à cet effet.

Voici un autre fait troublant : un thanatologue annonçait ses services dans un quotidien : « Vingt-quatre heures après le décès, nous vous apporterons les cendres de votre cher disparu. » La publicité omettait de dire si les cendres étaient encore chaudes...

Il ne faut tout de même pas généraliser. Certains thanatologues refusent catégoriquement de se débarrasser du cadavre d'une façon désinvolte. Une amie thanatologue nous racontait avoir accueilli un homme portant un sac en plastique, dans lequel se trouvait le corps de sa mère récemment décédée. L'homme lui a demandé si elle vendait des cercueils en carton dur, car il souhaitait faire incinérer sa mère le plus tôt possible. Choquée par l'attitude irrespectueuse de cet homme à l'égard du corps de sa propre mère, elle lui a dit sans tarder : « Je vais embaumer votre mère gratuitement et je voudrais que votre famille puisse la voir exposée demain, sur une civière, durant trois heures. » Puis, elle a téléphoné aux huit enfants de la défunte pour les inviter à venir voir leur mère une dernière fois. Notre amie était étonnée et presque scandalisée par une telle déshumanisation et un tel mépris des valeurs familiales. Elle avait la conviction que l'exposition de la dépouille aiderait à faire démarrer et avancer le travail du deuil.

Une société immature

Louis-Vincent Thomas, célèbre pour ses écrits sur la mort, compare les sociétés traditionnelles et la nôtre : « Il existe des sociétés qui respectent l'homme : ce sont celles où la vie, en suivant la sagesse, se protège elle-même en laissant de la place à l'idée de sa fin. Et il y a au contraire des sociétés nécrophiles, dévastées par des obsessions pathologiques : ce sont les nôtres, où la culture de la mort est niée et ensevelie avec le même soin qu'on enterre les cadavres. L'expérience concrète de l'anthropologue montre que nier la mort engendre une autre mort » (cité par Vittorio Messori, 1984 : 55). Une société plus préoccupée de jeunesse, de beauté et d'efficacité, qui ne laisse pas de place au vieillissement, à la souffrance et à la mort, souffre d'immaturité.

Pour chaque être humain, la mort s'avère une réalité inéluctable : tôt ou tard, la vie se terminera par une mort certaine. Cette réalité de l'existence est la plus grande menace qui soit et le plus grand défi à relever. La pensée de la mort vient nous hanter furtivement. Il ne s'agit pas d'être obsédé par la mort ; en effet, « on ne peut pas regarder le soleil et la mort longtemps ». Ceux qui refusent de l'assumer vraiment et de lui faire face sont accablés d'un désespoir constant. En revanche, ceux et celles qui réussissent à l'accepter et à y trouver un sens jouissent d'une maturité inestimable. Ils savourent leur présent et sont moins inquiets de l'avenir.

Le déni de la mort et ses conséquences

Les facteurs sociaux encouragent le déni de la mort chez les individus. Arrêtons-nous maintenant sur les conséquences de ce déni.

Les conséquences pour les adultes

Voici un exemple typique illustrant les conséquences tragiques d'un deuil bâclé : une femme d'affaires, débordée par son travail, nous téléphone de Montréal, demandant si nous nous occupons encore de thérapie du deuil. Puis elle se met à raconter son histoire : « Il y a quatre mois, j'ai appris une tragique nouvelle : ma sœur, mon beau-frère et mon neveu venaient de mourir dans un accident de la route. Comme je suis reconnue pour ma débrouillardise, les membres de ma famille m'ont confié la tâche d'aller les identifier à la morgue et de m'occuper des arrangements funéraires. Après m'être acquittée de ce devoir morbide, je suis allée consoler mes parents, éplorés et démunis. Les voyant si attristés, j'ai pris la décision de faire incinérer immédiatement les cadavres de ma sœur et de sa famille, au lieu de les exposer dans un salon funéraire. Je pensais ainsi soulager mes proches d'une souffrance plus grande et plus longue. J'étais convaincue que l'exposition des corps augmenterait davantage leur douleur. Les membres de ma famille, sous le choc, se taisaient et me laissaient faire à ma guise. Pour les protéger encore d'une affliction plus intense, j'ai aussi fait enterrer les urnes funéraires sans cérémonie.

« Depuis l'accident mortel qui a emporté ma sœur, mon beau-frère et leur fils, je ne sais pas ce qui se passe en moi : je ne dors plus ; je ne parviens pas à rétablir ni ma bonne humeur ni mon enthousiasme au travail. À la suite d'une dispute avec mon conjoint, je l'ai mis à la porte de ma maison. Mon patron m'a demandé de cesser d'être bête avec les clients et il m'a menacé de me congédier. De plus, ma famille me regarde comme si j'étais coupable de la disparition de ma sœur et de sa famille. Qu'est-ce qui se passe en moi ? Qu'est-ce qui ne fonctionne pas comme avant ? »

Nous lui avons dit qu'il était fort probable qu'elle avait fait l'économie de son deuil et qu'elle en subissait les conséquences déplorables. Nous lui avons conseillé de rencontrer, dans son milieu, un thérapeute spécialisé dans le deuil. C'est ce qu'elle a fait ; elle a aussi emmené les membres de sa famille, afin qu'ils puissent travailler ensemble leur deuil.

L'exemple le montre bien, négliger de faire son deuil apporte un malaise intérieur, des états dépressifs, des souvenirs obsessifs des disparus, un stress inhabituel et, par la suite, des relations plus difficiles au travail et dans la conduite de sa vie. Nier son deuil engendre tôt ou tard un mal-être, une culpabilité malsaine, comme si on avait reçu des bleus à l'âme.

Il n'est pas rare de voir les gens endeuillés réagir seulement après plusieurs mois ou même plusieurs années aux effets du deuil. On tente bien sûr d'oublier et on essaie de ne plus y penser, mais un malaise intérieur se fait de plus en plus sentir. Les intervenants de la Maison Monbourquette qui font de l'écoute téléphonique constatent que les deuilleurs appellent rarement au secours immédiatement après la mort d'un proche. Ils le font généralement trois ou quatre années plus tard.

Les conséquences pour les adolescents

Le déni de la mort et du deuil compte parmi les principales causes de suicide chez les adolescents. L'absence flagrante de l'expérience de la mort chez les enfants et les adolescents contribue grandement à susciter la curiosité. Certains jeunes s'enlèvent la vie sur un coup d'émotivité ; ils n'ont pas compris que la mort était irréversible, sans retour. Un garçon de 12 ans venait de recevoir en cadeau un tracteur et il s'est tiré une balle dans la tête. Son père l'avait nommé responsable de cette nouvelle machine. Un beau matin, son frère aîné s'en est emparé. En colère, le jeune est allé protester auprès de son père, lui disant que son grand frère s'amusait avec son tracteur. Son père n'a pas réagi, faisant la sourde oreille. Le jeune garçon est alors descendu à la cave et s'est enlevé la vie avec le fusil de chasse de son père, sans doute pour le punir.

Voici une autre anecdote illustrant bien les conséquences du déni de la mort et de l'abolition des rites mortuaires qui en découle. Une adolescente de 15 ans menaçait sa mère de se suicider. Celle-ci, tout éplorée, s'exclama alors : « Tu ne sais pas quelle immense peine tu nous ferais, à ton père et à moi ! » Et l'adolescente de répliquer : « Vous feriez comme vous avez fait lors de la mort de mon oncle. Vous vous débarrasseriez de mon corps, comme vous l'avez fait du sien ! Je serais "zappée" de votre vie, sans cérémonie, et sans que vous versiez une seule larme ! »

La société en général entretient le déni de la mort. Pour des adolescents en phase de rébellion, il s'agit de l'ultime tabou à franchir. Frôler la mort par les jeux risqués, les sports extrêmes, menacer de se suicider, jouer les héros invincibles de leurs vidéos... tout cela devient pour eux des tentations constantes et stimulantes.

Louis-Vincent Thomas, anthropologue français dont les écrits sur la mort sont reconnus, s'inquiétait de constater que le monde contemporain, au lieu de célébrer ses morts, les fait tout simplement « disparaître ». Il existe une grande complaisance à l'égard de l'évacuation des morts et, par la suite, de l'abolition du deuil. L'angoisse et la peur de mourir créent un malaise, car tout le temps perdu à dénier la mort ne nous prépare en rien à notre propre mort. La mort pourrait s'apprivoiser si nous nous décidions à accomplir les deuils, qui sont en fait de petites morts quotidiennes. La principale conséquence de l'absence croissante des rites funéraires, c'est qu'en plus de ne pas vivre de catharsis émotionnelle, les gens ratent l'occasion de trouver un sens à la mort et, par suite, à leur propre mort. Le sens de la mort, c'est ce qui donne un sens à la vie.

Une lueur d'espoir : l'avènement des groupes de deuil

Bien que nous reconnaissions les effets bénéfiques des rituels capables d'inciter les endeuillés à déclencher leur deuil et à le vivre pleinement, de nombreuses personnes accordent trop de pouvoir aux rituels funèbres. Les rituels ne sont pas « magiques ». Ils ne peuvent suffire à résoudre tous les problèmes rattachés au deuil.

Plusieurs endeuillés se plaignent en effet du vide qui se fait autour d'eux une fois que les cérémonies sont passées. Pendant les rites funéraires, ils étaient entourés et choyés. Le repas des funérailles terminé, au moment où ils auraient le plus besoin d'affection et de soutien, ils se sentent abandonnés par leurs proches. Les résistances au deuil (déni et négation) sont passées, et ils souffrent de la perte de l'être cher. Un homme nous confiait qu'au moment précis où il s'était senti envahi par les émotions du deuil, ses amis étaient persuadés qu'il allait mieux.

Certes, les rituels funéraires nous poussent à commencer le deuil et à y travailler. À la mort de son père, Jean a vécu presque tous les rituels prescrits par la tradition : couronne funéraire, veillées mortuaires, brassard noir, procession, funérailles à l'église, enterrement au cimetière... Il croyait s'être beaucoup avancé dans la résolution de son deuil. Mais 22 ans plus tard, dans le cadre d'un atelier, à la suite d'un jeu de rôle où il a voulu « rejouer » les événements entourant la mort de son père, il a ressenti une immense tristesse, très fraîche et présente en lui, comme durant les premiers jours de deuil. Il faisait confiance au meneur du jeu de rôle, un thérapeute d'expérience. Il a souhaité revivre les moments du choc de la mort de son père. À l'époque, en tant que responsable des arrangements funéraires, il avait dû ravaler plusieurs fois sa peine. Il n'osait manifester aucune faiblesse, car il se sentait responsable de toute la famille. En un mot, il ne s'est pas laissé le temps de vivre les émotions de tristesse, de colère et de culpabilité ; toutes ces émotions, il s'est permis de les exprimer dans la thérapie du jeu de rôle.

Durant la thérapie, il a pleuré toutes les larmes de son corps. Les deux jours suivants, il ne pouvait plus ni manger ni dormir tant son système nerveux était bouleversé. Le troisième jour, à son réveil, il a pris conscience qu'une chape de plomb venait de tomber de ses épaules. Il a alors ressenti une légèreté et une énergie toutes nouvelles, alors que ses états dépressifs disparaissaient.

À la suite de cette expérience capitale dans sa vie, Jean s'est promis qu'au retour de ses études, il se consacrerait à la thérapie du deuil. Il a alors découvert sa mission de former des groupes pour aider les endeuillés. Aujourd'hui, avec l'abolition des rites funéraires, les endeuillés ont encore davantage besoin d'aidants spécialisés dans l'accompagnement du deuil.

En dépit de la disparition progressive des rituels funéraires, un phénomène sociétal bénéfique a vu le jour : la naissance et la multiplication des groupes d'entraide et des groupes de thérapie de deuil. Il y a vingtaine d'années, de nombreux groupes se sont créés pour venir en aide aux endeuillés. Certains groupes d'entraide sont inspirés des Alcooliques anonymes. Les meneurs des groupes d'entraide sont d'anciens clients qui ont réussi à se guérir grâce à l'aide du groupe. Ils sentent que leur mission consiste à aider les autres endeuillés à résoudre leur deuil. La plupart des aidants ne sont pas des professionnels. Ils ont reçu un encadrement strict ; ils suivent un plan de rencontres bien défini et s'appuient sur une philosophie dûment codifiée.

Par ailleurs, les groupes de thérapie de deuil vont plus en profondeur : ils sont animés par des professionnels de la santé, psychologues ou travailleurs sociaux. Le meneur de ce genre de groupe travaille avec un client à la fois, pendant que les autres participants écoutent en silence. À la fin de la thérapie d'un participant, chacun est invité à partager son vécu avec le groupe. Le thérapeute poursuit avec l'endeuillé qui a été le plus touché.

Les rencontres des groupes de deuil, qu'ils soient des groupes d'entraide ou de thérapie, s'échelonnent sur plusieurs mois. Ils permettent ainsi aux personnes endeuillées de se sentir soutenues, même une fois les rites funéraires accomplis. Les groupes de deuil sont souvent formés en fonction d'une problématique précise : deuil de parents, deuil d'un époux, deuil d'un proche suicidé, deuil d'un enfant, etc.

À titre d'exemple, la Maison Monbourquette, située à Montréal, a été fondée pour assurer un suivi du deuil. Cet organisme sans but lucratif fournit un service d'écoute téléphonique, d'accompagnement individuel et de groupe. L'organisme forme ses propres animateurs et s'est aussi donné comme tâche de répertorier les ressources sur le deuil dans toutes les régions du Québec. On peut consulter le répertoire sur le site Internet de l'organisme : **www.maisonmonbourquette.com**.

CHAPITRE 2

Qu'est-ce que le deuil ?

*Notre vie entière doit être une réflexion sur la mort
et un entraînement à l'affronter.*

Socrate

Diverses significations du mot deuil

Le mot deuil est un vieux mot français qui signifie « douleur », mais, avec le temps, il a fini par englober plusieurs autres sens. Il renvoie tantôt à une situation de perte – « Elle vit un *deuil* » –, tantôt au processus psychologique de guérison d'une blessure occasionnée par une perte – « Elle en train de faire son *deuil* » – ou désigne un changement de statut social – « C'est une veuve *endeuillée* par le décès de son époux. »

Ce que le deuil n'est pas

Des gens croient à tort que le deuil consisterait à oublier l'être cher disparu. On ne doit pas et on ne devrait jamais essayer d'effacer le souvenir d'un défunt. Au cours du processus de deuil, le souvenir du proche décédé se fera moins obsédant et moins douloureux. Le deuil est terminé quand on a réussi à établir une nouvelle relation avec le défunt. L'endeuillé peut alors jouir de sa douce présence à l'intérieur de lui.

Contrairement à ce que plusieurs croient, le deuil n'est pas une maladie. Dans la société actuelle incommodée par toute forme de souffrance, on tente de médicaliser le deuil. Beaucoup de deuilleurs prennent des anxiolytiques et des tranquillisants, souhaitant se protéger de toute détresse et affliction. Pour certains, cette précaution est inutile. Au lieu d'aider l'endeuillé à traverser son deuil, les tranquillisants ne font que geler la douleur et retarder d'autant le processus de résolution du deuil.

Ce qu'est un deuil

Le deuil est une réaction saine et un état de souffrance et de tristesse à la suite de la perte d'une personne aimée, d'une fonction physique ou psychologique, d'une activité, d'un animal de compagnie ou d'un objet précieux. La résolution d'un deuil s'accomplit sur une durée plus ou moins longue, selon la résilience des personnes et leur contexte social. Toutefois, bien des endeuillés ne réussissent pas à résoudre leur deuil dans une société qui nie la mort et, par suite, l'état de deuil. Dans un tel contexte de négation, les gens disparaissent autour de nous sans que nous prenions vraiment conscience de leur décès.

Le deuil est aussi un processus normal et naturel. Dans sa condition de mortel, depuis le moment où il quitte le ventre de sa mère jusqu'à l'âge adulte, l'être humain est constamment confronté à la perte de facultés et de capacités due au vieillissement. Mais l'âme humaine sait comment perdre et récupérer lors de ses pertes. On pourrait comparer le deuil à un processus de cicatrisation et de guérison psychologique et spirituelle. Et on devrait réussir à soigner cette blessure, en acceptant de vivre le processus de deuil, de traverser les différentes étapes décrites au chapitre 3. Si l'on réussit à cicatriser cette blessure, le souvenir du défunt cessera de provoquer une douleur intérieure. On aura sans doute toujours conscience de la perte passée. Le rappel de l'être perdu demeurera toujours important et précieux, mais sans qu'on se trouve dans un état de souffrance. Faire son deuil, c'est lâcher prise, vivre avec la personne disparue une relation transformée. Au lieu de la chercher à l'extérieur de lui, l'endeuillé construit une nouvelle relation avec elle ; il est habité d'une présence douce, vivante et rassurante, grâce à ces retrouvailles intérieures. Voilà le but recherché dans l'accomplissement de tout deuil.

Les autres pertes de la vie

En plus du décès de personnes aimées, du divorce et de la maladie, il existe d'autres deuils à traverser : le deuil d'une faculté physique, comme la perte d'un membre, et le deuil psychologique, comme la privation de la parole et de la mémoire. C'est ce que Jean a vécu à la suite d'un accident cérébral vasculaire : il était devenu incapable de parler et d'écrire ; c'était une perte majeure pour lui, qui était professeur, conférencier et écrivain. Il pleurait sans cesse. Lui rendant visite à l'hôpital, un ami l'a consolé en lui disant que toutes les personnes atteintes d'ACV versaient constamment des larmes. Il a compris que, malgré lui, il était forcé de faire le deuil de la parole publique et de l'écriture. Un temps, il a décidé de cesser de pleurer, mais la tension intérieure le rendait hargneux et agressif. Conscient du changement de son caractère, il a pris l'initiative de se faire pleurer ; seul dans sa chambre, il se faisait couler un bain chaud et se rappelait les phrases de sympathie de ses proches. Celles-ci le portaient à « brailler » tout son soûl.

La perte d'un animal de compagnie revêt souvent un caractère tragique pour le propriétaire. Une petite cousine de Jean lui téléphona pour s'entretenir avec lui sur la mort. Il acquiesça à sa demande de rendez-vous, malgré l'étrangeté de sa requête.

Elle arriva dans son cabinet et confia à Jean que son entourage n'osait pas aborder le sujet de la mort. Se doutant bien qu'il y avait anguille sous roche, il lui demanda à brûle-pourpoint : « As-tu perdu récemment un être cher ? » Elle lui répondit : « Non. Mais c'est absurde, ce que je vais vous révéler, je suis en deuil de mon chien. » Jean a pris très au sérieux sa confidence et lui a posé la question classique : « Qu'est-ce que ton chien représentait pour toi ? » À ces mots, elle s'est mise à sangloter en répétant : « Excusez-moi, excusez-moi. C'est absurde de pleurer la mort d'un chien ! » Il lui a répliqué : « C'est important pour toi, la mort de ton chien ! » Elle a fait la confidence suivante : « Mon chien était un ami fidèle ; il m'attendait tout joyeux quand je rentrais du travail. Je m'amusais avec lui sans qu'il porte de jugement. Quand je faisais des promenades, je me sentais toujours protégée par sa présence. » Jean l'a assurée qu'elle avait pleinement raison de s'attrister de la perte de son chien. Celui-ci tenait une place précieuse dans sa vie ; ce joyeux compagnon la distrayait de ses préoccupations de psychologue.

La perte d'un travail reste aussi pénible à digérer pour les hommes et les femmes responsables d'une famille. Une employée de services sociaux chargée d'orienter les chômeurs me révélait que si une personne congédiée ne faisait pas le deuil de son travail, elle ressentait beaucoup de peine à s'impliquer dans un nouvel emploi.

Même les objets inanimés prennent souvent une valeur sentimentale. L'auteur Alphonse-Marie de Lamartine a écrit des vers à ce propos : « Objets inanimés, avez-vous donc une âme, qui s'attache à la mienne et la force d'aimer ? » Les objets familiers acquièrent une valeur importante pour nous tous : un lieu, une maison, un bijou, un meuble, un vêtement, etc. À ce propos, on raconte qu'un couple avait organisé une vente-débarras. Les deux conjoints s'affairaient à vendre les objets inutiles qu'ils avaient accumulés. Le mari a vendu une bague pour 50 cents. En apprenant cette nouvelle, l'épouse s'est mise à pleurer de peine et de rage. Elle chérissait énormément ce bijou, qui avait été porté par ses ancêtres féminines. Son époux avait vendu l'objet pour un prix dérisoire, sans connaître la valeur sentimentale qu'il revêtait pour elle.

Divers deuils, diverses situations

Selon les circonstances, le deuil s'accompagne de divers qualificatifs.

Le deuil anticipé

L'expression s'emploie dans deux sens, presque contraires. Le premier sens renvoie à l'attitude des proches qui considèrent la personne malade comme déjà morte. Certains enfants d'une mère malade et alitée ne vont plus la visiter à l'hôpital, fâchés qu'ils sont de son absence. Ils se sentent privés des services qu'elle n'est plus à même de leur fournir. Ils abandonnent tout simplement leur mère.

Le deuil anticipé revêt également un second sens, presque contraire au premier : en prévision de la fin prochaine de l'être aimé, les proches profitent des précieux moments de la fin pour dialoguer avec la personne mourante. Ils lui manifestent leur amour, règlent leurs conflits avec elle et lui font leurs adieux.

Le deuil nié

Parfois, les proches offrent de la résistance à admettre la mort prochaine d'un proche. Nous décrirons ces résistances à la perspective de laisser partir l'être aimé – le choc et le déni –, selon chacune des étapes du deuil.

Le deuil retardé

Certains accusent un retard à entreprendre le deuil ou même éprouvent un blocage dans l'évolution de leur deuil. Les étapes du deuil ne s'enclenchent pas toutes normalement pour résoudre le deuil.

Les deuils non résolus

Parfois, l'évolution d'un deuil récent se complique en réveillant un ou plusieurs anciens deuils non résolus. Voici l'histoire d'un père, très fâché et inconsolable à la suite de la mort subite de son fils, fraîchement diplômé de l'école de médecine. Ce fils avait succombé à une crise cardiaque dans son sommeil. La mort du fils avait fait émerger chez le père un vieux deuil non résolu : celui de son rêve de devenir médecin. En effet, faute de moyens suffisants dans sa famille, il lui avait fallu renoncer à étudier la médecine. Il s'était donc pleinement identifié à la carrière de son fils. Et voilà que la mort de celui-ci privait encore une fois cet homme de la réalisation de son rêve, ne fût-ce que d'une façon vicariale. Les thérapeutes du deuil qui l'avaient reçu en consultation ne parvenaient pas à le soulager de sa désolation. Quand nous lui avons parlé de sa carrière perdue et envolée une seconde fois dans la mort subite de son fils, nous avons mis le doigt sur l'aspect de la perte qui le tourmentait. Une fois sa perte bien ciblée, peu à peu, il a pu progresser dans la résolution de son deuil.

Le deuil social

Les endeuillés choisissent parfois de ne pas faire leur deuil en raison des avantages sociaux qu'ils en retirent. Prenons l'exemple suivant : une famille a acquis une certaine notoriété à la mort tragique de l'un des enfants, victime d'un pédophile. Les parents font tout ce qu'ils peuvent pour que les gens n'oublient pas leur tragique histoire familiale. Ils multiplient les interventions dans les médias pour raviver le souvenir de cette tragédie. Ils racontent souvent leur moment pénible, afin de ne pas tomber dans un total anonymat. La famille a bâti un sanctuaire autour du monument funéraire de l'enfant, l'ornant de treillis en arcades et le décorant régulièrement de fleurs fraîchement cueillies. Tout cela a duré des mois et même des années.

Voici une autre illustration d'un deuil social : avec des étudiants en counselling, nous avons reçu en consultation un ancien député et son épouse. Ils venaient de perdre leur garçon d'une façon tragique : il avait été assassiné. Le père nous a demandé combien d'étudiants assisteraient à la rencontre dans la salle d'observation. Étrange question, suivie d'une étonnante réaction quand nous lui avons répondu : « Quinze. » L'homme s'est montré satisfait du nombre, heureux d'avoir un « public ». Il nous a raconté dans les moindres détails la mort tragique de son fils, sans manifester la moindre émotion. Son épouse restait silencieuse. Après la rencontre, nous lui avons demandé s'il désirait revenir pour une autre rencontre de thérapie du deuil. Il a décliné notre offre, prétextant qu'il avait beaucoup d'affaires à traiter. Nous avions l'impression qu'il se préparait à partir en campagne électorale et à se servir du décès de son fils pour s'attirer des votes de sympathie.

Le deuil spiritualisé à outrance

Le deuil trop spiritualisé s'accomplit d'ordinaire dans un contexte démesurément spirituel et religieux. Les personnes qui vivent ce genre de deuil refusent de manifester la moindre souffrance à la mort d'un proche. Ils se réjouissent même de la séparation définitive d'une personne, prétextant, par exemple, qu'elle est au ciel. Voici une illustration : dans un monastère, au décès d'un moine, les confrères s'empressent de chanter la gloire de celui qui les a quittés pour entrer au paradis. Ils sont loin de s'adonner à faire le deuil de leur compagnon !

Le deuil résolu ou intégré

On parle de deuil résolu ou intégré lorsque les endeuillés ont franchi toutes les étapes du deuil. Ils ont vécu le choc de la mort de l'être aimé, traversé une période de déni, ils ont fait l'expérience de toutes les émotions, du sentiment de tristesse au moment de la « grande braille ». Ils ont accompli les tâches requises par le deuil. Ils sont passés par la découverte du sens de leur perte, l'échange des pardons, le laisser-partir et l'héritage. Les endeuillés ont pleinement vécu leur deuil lorsqu'à la pensée de la personne disparue, ils éprouvent désormais un sentiment de paix et de tranquillité. Ils ont pleinement vécu leur deuil lorsque, en entendant quelqu'un relater un souvenir de l'être cher, ils se réjouissent de l'avoir connu, fréquenté et aimé.

Les résistances au deuil

On emploie ici le terme de « résistance » lorsque l'endeuillé ne se permet pas de suivre les étapes du deuil ou s'oppose à suivre le processus naturel du deuil. En général, le deuil devrait suivre son cours sans problème jusqu'à sa résolution. Mais si l'endeuillé refuse de franchir un obstacle, s'il s'oppose à entrer dans le processus naturel du deuil, les professionnels, les psychologues, en particulier, le qualifient de « résistant » à leurs efforts ou à la méthode utilisée pour débloquer l'évolution de son deuil. Ainsi, le terme de « résistance » prend parfois le sens de « manque de collaboration » de la part de l'endeuillé.

Certains soignants s'indignent de ce refus, ils se sentent personnellement visés, comme si le client refusait de coopérer ou était de mauvaise foi. Soulignons que dans un tel cas, au lieu d'accuser le client de non-collaboration, la programmation neurolinguistique enseigne que le thérapeute manque de flexibilité et s'entête à employer une méthode thérapeutique unique et inadéquate à résoudre le deuil du client.

La résistance chez un individu indique qu'il n'est pas prêt à suivre le chemin proposé par le thérapeute. Une partie de lui-même s'oppose à une suggestion, soit parce qu'elle est trop rapide, soit parce que le client se sent bousculé, ou encore parce qu'une partie de lui n'a pas été consultée, que la solution envisagée est contraire à ses valeurs, qu'elle semble menacer son intégrité, etc. Même si la volonté et l'intelligence du deuilleur sont prêtes à collaborer avec le soignant, les résistances à un processus de résolution d'un deuil demeurent des parties inconscientes qui ne sont pas d'accord avec le programme thérapeutique de l'évolution de son deuil.

Le thérapeute doit pouvoir détecter les résistances, les nommer, les écouter et s'en faire des collaboratrices ; en effet, elles réagissent sous l'influence de l'inconscient et ont le dernier mot dans le processus de résolution du deuil.

Dans une situation donnée de deuil, le choc et le déni ont une fonction importante à jouer. À l'annonce de la nouvelle du décès d'un proche, ils servent à protéger le deuilleur d'un effondrement total et lui permettent de puiser dans ses ressources afin de tenir le coup durant le parcours funéraire.

Nous avons traité des résistances d'ordre social au début du présent ouvrage. Celles-ci ne font que renforcer les résistances individuelles. Si l'entourage immédiat évite de parler de la mort et du deuil, la plupart des endeuillés n'osent pas s'ouvrir sur leur peine et leur tristesse. Ils essaient de protéger leur image sociale. Ils éprouvent alors une grande difficulté à entrer dans leur deuil et à le poursuivre.

L'évolution du deuil est une affaire à la fois individuelle et sociale; c'est notre conviction. Loin d'imposer une démarche rigoureuse et stéréotypée commune à tous les deuilleurs, nous considérons les étapes du deuil comme autant de points de repère qui indiquent à quelle phase de résolution du deuil l'endeuillé est parvenu. Dans notre pratique d'accompagnement, cette connaissance nous aide à offrir à la personne en deuil des approches thérapeutiques et à lui proposer des exercices lui permettant de progresser dans son cheminement. Nous avons choisi d'accompagner l'endeuillé au rythme de l'évolution de son deuil.

CHAPITRE 3

Les étapes du deuil

Certaines personnes s'opposent à décrire des étapes du deuil bien définies. En effet, le deuil constitue une réalité tellement individuelle et singulière ! Si le mot « étape » dérange certains, précisons que nous l'utilisons comme synonyme de « point de repère » dans l'évolution du deuil, uniquement dans le but de déceler le progrès du deuil ou sa régression. Cela permet d'évaluer l'état du deuilleur et ce qu'il lui reste à accomplir pour compléter son deuil. Cette liste d'étapes a été élaborée à partir de nos recherches sur le deuil et de notre expérience en thérapie et en sessions de deuil.

Nous considérons que le schéma de l'évolution du deuil sur le plan psychologique et spirituel est précis, compréhensif et progressif. Il se peut que des endeuillés progressent plus rapidement que d'autres, en raison de leur préparation antérieure, mais nos huit étapes suivent une chronologie certaine.

Nous décrirons maintenant les résistances psychologiques et spirituelles correspondant à chacune des étapes. Pour ce faire, nous donnerons une définition de l'étape. Puis, nous décrirons les résistances propres à chacune d'elles et proposerons des pistes de solution pour chaque obstacle rencontré.

1) Le trauma et le choc
2) Le déni
3) L'expression des émotions et des sentiments
4) La réalisation des tâches concrètes reliées au deuil
5) La quête d'un sens à la perte
6) L'échange des pardons
7) Le « laisser partir »
8) L'héritage

PREMIÈRE ÉTAPE : LE TRAUMA ET LE CHOC

Tout deuil important débute par un traumatisme psychique, suivi d'un choc. Le choc, réaction au trauma, désigne l'effet d'un malheur soudain qui vient submerger la capacité d'un individu à y faire face ; l'endeuillé peut ressentir par exemple un sentiment intense d'effroi et de détresse à la nouvelle de la mort d'un proche.

À la suite de l'événement traumatique réel ou imaginaire, le corps réagit : c'est la courte réaction appelée *freezing* en anglais et que l'on traduit par « moment de sidération ». Cette réaction d'immobilité du système parasympathique est suivie de la réaction de « fuite/combat » du système sympathique (accélération du cœur, de la respiration, etc.). Tout cela ressemble à une déconnexion des circuits nerveux et à une perte partielle de conscience.

L'endeuillé vit l'événement traumatique à la façon d'un stress aigu, souvent accompagné d'un sentiment d'impuissance et de chaos émotionnel. Il ressent une grande confusion ; sa mémoire gèle et la personne perd ses points de repère. Il arrive que les réactions de l'endeuillé deviennent des symptômes : hyperexcitation somatique (agitation, angoisse), souvenirs récurrents, dissociation (détachement du réel) et évitement (anxiété situationnelle). Ces symptômes correspondent à l'état de stress post-traumatique (ESPT). Cet état peut dégénérer en dépression chronique et être amplifié par d'autres problèmes tels que l'anxiété, des troubles du sommeil, l'alcoolisme, etc.

Le traumatisme et le deuil partagent des symptômes similaires : des pensées spontanées intrusives, un affect douloureux, un sentiment d'impuissance et de confusion, des cauchemars et un sentiment de culpabilité diffuse. Le terrain est aussi propice à des hallucinations tactiles, visuelles, auditives et olfactives.

Bon nombre d'endeuillés nous rapportent qu'ils ont entrevu leur défunt, qu'ils ont senti sa présence et même qu'ils ont été touchés par lui.

En voici quelques exemples. Une veuve pensait sentir l'odeur du tabac de son époux décédé lorsqu'elle passait devant son bureau. Une autre entendait la voiture de son défunt mari arriver dans la cour ; elle se précipitait à la fenêtre et... déception ! Elle n'y voyait personne.

Le choc dure quelques semaines, au plus quelques mois. S'il dépasse quatre ou cinq mois, les spécialistes du deuil commencent à s'inquiéter de sa durée. Une veuve en consultation nous révélait que tous les soirs, elle se promenait main dans la main avec son époux ; cela ne serait pas en soi un problème, si son époux n'était pas mort depuis deux ans !

Le rêve et le songe

Le rêve et le songe peuvent se manifester à toutes les étapes, particulièrement à l'étape du choc. À l'apparition de l'être cher disparu, la plupart des deuilleurs ressentent une joie intense et une consolation très grande, mais ils se plaignent de la grande brièveté de ces rêves. Le rêve apparaît comme une élucubration de l'inconscient difficile à comprendre ; il se distingue du songe, qui répond à des questions réelles. Les rêves et les songes proviennent tous deux du Soi, mais ils n'ont pas la même fonction.

Voici des exemples de songes : un homme se demandait si son fils mort au berceau plusieurs années auparavant grandissait au paradis ; la nuit même, il a rêvé de son fils, devenu un grand adolescent. Une épouse cherchait la police d'assurance de son mari ; celui-ci lui est apparu en songe : « Cherche dans mon bureau, lui disait-il, tu y trouveras le document dans le tiroir du bas à droite. » Un homme se demandait si son père récemment décédé l'avait aimé. Durant son sommeil, son père lui est apparu en songe et lui a révélé son affection pour lui. En racontant cette confidence, cet homme était ému aux larmes.

Il existe un curieux phénomène : certains endeuillés, qui cherchent à faire quelque chose pour le défunt, vont jusqu'à prendre sur eux les symptômes de la maladie qui l'a emporté. Une jeune femme, qui était très proche de son père, donna naissance à un garçon au moment même où son père mourait d'emphysème. Elle se culpabilisait de ne pas avoir été à son chevet à sa mort. Or, peu de jours après, elle se mit à tousser comme son père ; pourtant, les médecins ne décelèrent chez elle aucune maladie respiratoire. C'était un cas de mimétisme spontané. Au cours de la nuit suivante, elle rêva à son cher papa. Celui-ci se tenait debout près de sa tombe, alors que sa fille demeurait à l'entrée du cimetière. La jeune femme entendit son père lui dire : « Je suis bien là où je suis ; ne te préoccupe pas de moi ; consacre-toi à bien élever ton enfant. » À son réveil, ce matin-là, ses problèmes respiratoires avaient disparu. L'apparition de son père en songe et son message l'avaient « guérie ».

Le choc : résistance au travail précipité du deuil

Nous l'avons vu, le choc est la résistance primordiale au processus de deuil. Il a toutefois sa raison d'être : il empêche le deuilleur de perdre connaissance, de devenir confus ou encore de faire une dépression. Il lui fournit le temps de se ressaisir, de digérer la dure réalité de la mort et de puiser en lui-même les ressources nécessaires pour gérer la situation de perte. Le gel temporaire des émotions et de la mémoire contribue à protéger la personne, lui évitant de perdre tout contact avec la réalité et de vivre un chaos émotif susceptible de la rendre confuse. Cet arrêt des réactions psychologiques donne à l'endeuillé le temps de refaire ses forces physiques et mentales, lui permettant de survivre à l'épisode traumatique. Les soldats grièvement blessés vivent cet état ; cela leur permet de trouver la force de se déplacer, parfois sur de longues distances, afin d'aller chercher des secours.

Une mère nous racontait que, lors de la nouvelle de l'accident mortel de son fils, elle avait vu la scène de l'accident défiler à toute vitesse devant ses yeux. Dans nos recherches effectuées pour la rédaction de l'ouvrage *La mort, ça s'attrape*, nous avons été témoins de ce phénomène où, grâce à leur imagination, les proches assistaient à la mort du défunt et ressentaient la même douleur physique. Or la mémoire se protège, comme si elle compressait les images du drame à la façon d'un ordinateur. C'est pourquoi le choc se déclenche pour préserver l'endeuillé et lui éviter les souffrances causées par la vision du décès d'un proche.

La résolution de l'étape du choc

La traversée du deuil exige beaucoup d'énergie physique et émotionnelle. Ce n'est certes pas le moment de régler les gros problèmes, d'intervenir dans les conflits et de prendre de grandes décisions. Il importe de remettre à plus tard ces tâches exigeantes.

Par ailleurs, comme nous l'avons dit précédemment, l'exposition du corps donne aux deuilleurs le temps de saisir toutes les dimensions de la mort de leur proche. Ils voient son corps inanimé, ils le touchent et constatent la mort ; cela aide à convaincre l'inconscient que l'être aimé est bel et bien mort. L'exemple qui suit l'illustre bien. Au retour de ses vacances, un prêtre a appris la nouvelle de la mort de son père. Comme il avait été absent lors des rites funéraires, il oubliait parfois que son père était décédé.

Lui qui avait l'habitude de rendre visite à son père le dimanche, il prenait parfois la route pour aller le voir ; la dure réalité de la mort le rattrapait alors et il devait rebrousser chemin.

Demander l'aide des proches

Le deuilleur doit solliciter de l'aide au sein de son réseau d'amis et de proches qui peuvent le soutenir dans le deuil et se charger des tâches quotidiennes, comme s'occuper des enfants, faire la comptabilité, promener le chien, sortir les poubelles, etc. Pour une communauté paroissiale, par exemple, il s'agit là d'une excellente activité pastorale qui permettrait de resserrer les liens entre les gens. L'endeuillé profitera des espaces de liberté et de détente pour se recentrer après l'épreuve.

Traiter l'étape du choc

La meilleure façon de raccourcir la période du choc est d'encourager le deuilleur à parler et à décrire plusieurs fois les événements entourant la mort du proche. En effet, la mémoire se dégèle durant les narrations de son expérience. L'endeuillé ne raconte jamais son histoire exactement de la même façon. Il ajoute de nouveaux détails, ce qui indique un dégel de la mémoire. Le deuil progressera dans la mesure où la personne pourra raconter son expérience de deuil à plusieurs reprises. Peu à peu, sa mémoire sortira de sa torpeur et s'exprimera à travers de multiples détails. C'est la meilleure thérapie du deuil. L'endeuillé ne doit pas nécessairement choisir un professionnel de l'écoute ; il suffit de trouver dans son entourage une « grande oreille » qui prendra le temps d'entendre sa triste histoire jusqu'au bout. Ce pourrait être un ami compatissant, la femme de ménage, l'épicier du coin, un barman, etc. Il ne faudra pas trop compter sur un parent, qui est souvent lui-même très affecté et bouleversé par la mort de l'être cher.

Il est important pour les endeuillés de raconter comment ils ont appris la nouvelle de la mort. Cela permet de détecter les résistances suscitées par le contexte social. En effet, la personne se montre très suggestible au moment du choc. L'anecdote suivante illustre bien ce phénomène. Une bru avait la difficile tâche d'apprendre à sa belle-mère la mort de son fils dans un accident de travail. Avant de lui dire quoi que ce soit, la jeune femme lui avait fait promettre de ne pas pleurer. Elle voulait bien faire et éviter une crise de larmes à sa belle-mère. Celle-ci s'est donc montrée impassible à l'annonce de la mort de son fils. Et tout au long des cérémonies funéraires, elle n'a pas versé une larme. Les rituels complétés, elle se sentait coupable de n'avoir pas pu exprimer sa tristesse. Heureusement, elle a jugé bon de consulter un thérapeute du deuil qui lui a, bien sûr, accordé la permission de pleurer. Cette démarche l'a aidée à surmonter son blocage causé par la maladresse de sa bru.

Se protéger de la pression sociale

Il est nécessaire de se protéger des gens trop envahissants et empressés de secourir les autres durant le deuil. Il est important de choisir des proches qui respectent l'intimité de chacun. Une religieuse, missionnaire au Honduras, venait tout juste d'apprendre le décès de sa mère. Alors qu'elle se préparait à partir pour rentrer chez elle et être présente à sa famille, elle remarqua la présence discrète d'une de ses paroissiennes. Celle-ci est restée là, bien présente, jusqu'à son départ, présence silencieuse, mais ô combien réconfortante !

Profiter des petites joies quotidiennes

L'état de deuil n'exige pas du deuilleur qu'il affiche une « face de carême ». Il arrive qu'on veuille démontrer à quel point on aimait le défunt en manifestant une immense tristesse. Au contraire, le naturel est de mise dans ces moments. Il y a un temps pour pleurer et se plaindre, et des temps pour se réjouir, pour rire, pour profiter des courts moments de bonheur, pour savourer la beauté de la nature, etc.

DEUXIÈME ÉTAPE : LE DÉNI

« Ce n'est pas vrai ! » « Je l'ai rencontré cette semaine, il avait l'air bien ! » « Je ne peux pas le croire ! » « Il semblait solide comme un chêne. » « C'est une mauvaise blague, n'est-ce pas ? » Ces réactions spontanées illustrent bien l'étape du déni ou de négation.

L'idée de la mort nous effraie tous. Nous n'osons pas y penser d'une façon spontanée et fréquente. C'est là un des paradoxes les plus troublants de notre existence, et probablement la réalité la plus révoltante qui soit : nous recevons une seule vie, dont la durée est limitée et inconnue, dont la fin est inéluctable, irrémédiable et définitive. C'est comme si on nous donnait un cadeau, tout en nous le retirant. Il y a tout de même une exception : ceux qui souffrent voient la mort comme une libération.

Même si nous ne désirons pas la reconnaître, la mort, réalité incontournable, suscite chez tous une angoisse existentielle. Si nous sommes en deuil d'une personne chère, le rappel de la mort s'impose à nous, comme si la mort d'un proche nous rejoignait dans nos pensées les plus intimes. L'acceptation de notre condition mortelle, si minime soit-elle, nous délivre de la crainte et nous donne de vivre pleinement tous les instants de notre vie. Sinon, la pensée de la mort, et surtout celle de notre propre mort, nous menacerait constamment, pareille à une épée de Damoclès. Il n'est donc pas étonnant que les humains aient imaginé une variété de moyens permettant d'échapper à la seule pensée de cette dure réalité.

Si nous acceptons de relever le défi d'une mort certaine, nous devons l'intégrer comme une dimension fondamentale de notre existence et consentir d'avance à lui faire une place dans notre façon de vivre. Voilà un projet qui n'a sûrement pas le pouvoir de mobiliser les masses !

Les résistances du deuil propres à l'étape du déni prennent deux formes : les résistances cognitives et les résistances émotives.

Les résistances cognitives

Voici des exemples de manifestations des résistances du premier type : le deuilleur refuse de se souvenir de la mort d'un proche. Il se sert de stratégies d'évitement, il esquive tout ce qui pourrait lui rappeler la mort : les hôpitaux, les cimetières, les soignants, etc. Une femme nous confiait être incapable de visiter l'étage de l'hôpital où son mari était décédé.

Cette forme de déni relève d'une ignorance cultivée : pour certains, la personne aimée n'est pas morte, elle reste toujours présente. À cette fin, les endeuillés ont mis au point plusieurs tactiques : tapisser les photos du disparu dans toutes les pièces, garder sa chambre intacte, conserver ses vêtements et ses effets personnels, etc. C'est ce qu'on appelle la « momification ».

L'anecdote suivante illustre bien ce phénomène : en visite chez un ami, une femme avait oublié son fixatif à cheveux ; son hôte lui dit que sa copine Brigitte acceptait gentiment de lui prêter le sien. Le seul problème, c'était que Brigitte était morte depuis trois ans !

Une veuve nous a raconté qu'au jour de l'anniversaire de la mort de son époux, elle avait organisé une fête champêtre rassemblant toute sa famille. Elle avait fait imprimer une grande affiche, grandeur nature, à partir d'une photo de son époux. Elle avait choisi une photo où celui-ci était encore jeune et heureux, dans la pleine force de l'âge, pour ne pas attrister sa famille. Elle n'était pas consciente qu'en agissant ainsi elle niait la mort de son mari, le père de ses enfants, le faisant apparaître comme vivant.

Les résistances émotives

L'autre type de résistances appartient au déni d'ordre émotionnel. Il se caractérise par un manque d'affect généralisé. Le deuilleur refuse ou est incapable d'éprouver les émotions propres au deuil d'un proche. Ce genre de résistances existe surtout chez les hommes qui n'ont pas appris à pleurer et à laisser paraître leur faiblesse. Désireux de garder le contrôle de la situation, ils s'abstiennent de toute émotion de tendresse et de tristesse. Le répertoire normal pour exprimer leurs émotions et leurs sentiments leur fait défaut. Par ailleurs, les jeunes hommes éduqués surtout par leur mère se permettent de pleurer abondamment au besoin.

Les résistances pour sauver l'intégrité de la famille

Lors du décès d'un des leurs, les membres d'une famille endeuillée veulent à tout prix conserver leur intégrité, malgré l'absence de l'être cher. Ils mettent au point diverses tactiques pour sauvegarder la structure familiale.

La substitution

Le groupe familial s'empresse de colmater la brèche causée par la mort d'un de ses membres. La substitution consiste à désigner un membre de la famille qui tiendrait la place du défunt. Les thérapeutes familiaux doivent être aux aguets pour contrer cette tactique susceptible de provoquer des drames déchirants.

Nous avons reçu une famille en thérapie. Le problème consistait à tenter de réconcilier deux sœurs colocataires. Elles se disputaient sans cesse. Le mari de l'une d'elles jouait constamment au médiateur.

À la mort de celui-ci, la chicane entre les deux sœurs a repris de plus belle. Chaque fois que le fils venait rendre visite à sa mère et à sa tante, celles-ci le désignaient comme médiateur. Fatigué de jouer au médiateur, il avait fini par leur déclarer : « Moi, je ne veux plus remplacer mon père. Il existe une solution toute simple, c'est de faire la paix entre vous deux. » Bravo ! Le fils de la famille s'était dégagé du rôle que jouait son père.

Une autre tentation est de s'imaginer pouvoir échapper aux affres du deuil. On s'emploie, par exemple, à remplacer une personne par une autre. On remplace par exemple un conjoint décédé par une nouvelle conquête, un enfant décédé par un nouveau-né, etc. Les deuilleurs pensent ainsi déjouer le deuil. Ce phénomène est fréquent chez les hommes. Ils se cherchent une jeune compagne qui comblera leur vide intérieur et mettra un baume sur leur blessure narcissique. Cette fuite en avant est trompeuse. En effet, il est impossible d'éviter un deuil sans devoir en payer le prix plus tard.

Nous recevions en consultation thérapeutique Renée, une jeune fille de bonne famille. Elle nous raconta l'histoire de sa déchéance sociale, jusqu'à la prostitution. Après la mort de son frère aîné Armand, âgé de 16 ans, elle vit un soir ses parents pleurer à chaudes larmes. Elle s'empressa de les consoler en leur disant : « Ne pleurez pas, je vais remplacer Armand ! » Fidèle à sa promesse, elle revêtit les habits de son frère, se mit à l'imiter, à accomplir ses corvées, comme distribuer les journaux, rentrer le bois de chauffage, etc. Après quelques mois, incapable de maintenir le personnage de son frère, Renée se mit à se droguer. Mais elle devait payer sa drogue. Quand elle ne fut plus en mesure d'acquitter ses dettes, ses « amis » lui trouvèrent un travail lucratif : la prostitution. Le drame de cette jeune fille aurait pu être évité si ses parents lui avaient tout simplement dit : « Renée, personne ne va remplacer Armand. Viens plutôt pleurer avec nous ! »

L'hyperactivité

L'hyperactivité permet au deuilleur de s'occuper des tâches extérieures pour ne pas penser à la mort d'un proche. Par cette résistance, le deuilleur essaie de se distraire pour tenter d'oublier l'immuable destin qu'est la mort. À la mort de son fils, une mère s'est engagée dans une folle hyperactivité. Au salon funéraire, elle consolait ses proches et ses amis ; elle a composé un chant spécial pour les funérailles et dirigé elle-même la chorale pour l'occasion. Elle s'est même occupée du repas après la cérémonie funéraire !

Les hommes aussi utilisent ce stratagème, se tenant occupés pour éviter d'entrer dans leur intériorité ; ils évitent ainsi de prendre conscience de leur trop-plein d'émotion. Plus tard, il leur arrivera souvent d'éprouver des états dépressifs pour s'être trop bien contenus durant un deuil.

L'idéalisation du défunt

L'idéalisation du défunt est un autre mécanisme de défense contre le deuil. Il sert à attribuer au proche décédé des qualités exceptionnelles. Si l'endeuillé cultive cette illusion, il ne progresse plus dans son deuil. Une épouse faisait un éloge excessif de son mari, alors que tous le connaissaient bien pour son mauvais caractère à son égard. Elle ne se souvenait plus des mauvais traitements que son mari lui faisait subir. Elle avait besoin de cette illusion pour se montrer inconsolable de la perte d'un si grand homme.

La colère comme « sentiment trafiqué »

Pour éviter de sombrer dans un état de tristesse, certaines personnes endeuillées, les hommes en particulier, se mettent en colère contre tout le monde : les médecins ont été négligents ; les infirmières étaient incompétentes ; les voisins semblaient indifférents ; jusqu'au pasteur qui ne faisait pas les bonnes prières, etc.

Et que dire des disputes et des colères des membres de la famille lors de la lecture du testament ? De façon presque proverbiale, certains repartent déçus et insatisfaits, tandis que d'autres ont l'impression d'avoir bien mérité l'argent de l'héritage. Un excès de colère masque souvent une profonde tristesse, celle-ci étant une émotion interdite à exprimer dans la famille. Dans certaines familles, il faut se montrer courageux et fort, et ne manifester aucune tristesse à la maison !

Une dame nous confiait qu'elle n'avançait pas dans son deuil. Elle était constamment en colère contre son conjoint récemment décédé. Nous lui avons expliqué qu'au-delà de sa colère, sentiment secondaire, se trouvait une grande blessure. Elle a fondu en larmes. Elle a découvert qu'une profonde tristesse l'habitait et qu'elle cherchait à s'en débarrasser par la colère.

Un père de famille a perdu son fils de trois ans, noyé dans la piscine du voisin. Il ne décolérait pas contre ce dernier. Il le poursuivait en justice et ne cessait de récriminer contre lui. Il évitait ainsi la souffrance causée par la perte de son fils. Il transformait instantanément sa grande tristesse en colère.

La recherche d'un coupable

Pour éviter la tristesse et la culpabilité, il arrive souvent que les membres de la famille s'acharnent à trouver un coupable. Leur tristesse passe en blâmes et en reproches. Par exemple, les soignants qui se sont occupés de la personne mourante sont parfois considérés comme des « boucs émissaires ».

Voici l'exemple d'une famille qui joue la diversion au lieu d'exprimer sa peine et sa culpabilité envers le défunt. L'aînée de la famille veillait seule au chevet de son père, sur le point de mourir. S'étant endormie, elle n'avait avisé les autres membres de la famille que trois heures après le décès de son père. Ses frères et sœurs inondèrent cette pauvre fille de reproches pour les avoir avertis trop tard. Accablée de réprimandes et se sentant très coupable, elle ne pouvait plus poursuivre son deuil de façon normale.

La loi du silence

À la suite de la mort de son père, Jean se sentait incapable d'en parler sans être ému jusqu'aux larmes. En raison de ce malaise, il changeait immédiatement de pièce si ses sœurs commençaient à rappeler le souvenir du décès de son père, leur signifiant par son comportement qu'il était interdit d'aborder ce malheur.

Aujourd'hui, les groupes de deuil permettent de contrer le silence absolu au sein des familles.

La consommation de drogue, de médicaments ou d'alcool

Certaines familles ne savent pas ce qu'est un deuil. Elles ont appris à éviter le malaise et la douleur du deuil en gelant leurs émotions : la mère prend des antidépresseurs, le père se calme avec des anxiolytiques, les enfants se droguent, les proches anesthésient à l'alcool leurs émotions et leurs sentiments. Quel désastre de voir toute une maisonnée s'empêcher de vivre son deuil ! Le refus de la souffrance chez nos contemporains s'avère la cause de maintes névroses.

Les deuils différés en raison de leur multiplicité

On peut concevoir que des personnes mettent « sur la glace » le travail de leurs trop nombreux deuils. Pensons à une situation dramatique : la mère doit soigner sa propre mère mourante, soutenir son mari au chômage et s'occuper de son fils arrêté pour délinquance. Une telle conjecture ne laisse pas le temps pour bien accomplir les deuils qui s'accumulent.

Dans une telle situation, bon nombre d'endeuillés se demandent : « Par quel deuil doit-on commencer ? » Le meilleur conseil à leur donner est, dans un premier temps, de se reposer avant de s'attaquer à un deuil en particulier. En effet, traverser un deuil exige beaucoup d'énergie. Quand l'endeuillé est assez reposé, nous lui suggérons de soigner le deuil le plus chargé d'émotivité. Un exercice de centration (présenté en annexe, page 161) permet de déterminer le deuil le plus cuisant et le plus urgent.

Les fausses croyances sur la mort et sur l'au-delà

Dévastée par la mort de son fils de douze ans, une mère le recherchait en vain depuis trois ans. Sur le conseil d'une amie, elle avait rencontré une cartomancienne. Celle-ci lui avait certifié que son fils était sur le point de se réincarner sous la forme d'un bébé tout blond. Forte de cette information, la mère s'est mise à guetter l'arrivée d'un enfant blond. Elle visitait les pouponnières et les garderies, toujours dans le but de retrouver son enfant. Désespérée et dépressive, elle a rencontré un thérapeute chrétien qui l'a aidée à corriger cette orientation, inventée par la diseuse de bonne aventure. Le thérapeute l'a informée sur la résurrection des corps ; elle s'est sentie soulagée, confiante de revoir son fils dans l'au-delà. Elle a alors pu entreprendre son deuil.

Négliger les autres enfants

Quand survient la mort d'un enfant dans une famille, les parents sont parfois trop absorbés par leur deuil. S'il y a d'autres enfants, un des parents ou les deux risquent alors de ne pas avoir assez d'énergie et de temps pour prendre soin d'eux. Certains enfants, conscients d'être oubliés, désirent mourir à leur tour pour recevoir leur part d'attention d'un ou des deux parents. Souvent, dans ces familles, l'enfant décédé est plus vivant que les autres vrais survivants.

La honte d'être en deuil

Dans une société allergique à la souffrance et à la mort, il arrive fréquemment que les endeuillés se sentent honteux d'être en deuil. Au sein d'une même famille, certains membres se cachent des autres pour traverser leur deuil. Ils s'interdisent d'être un poids pour les proches et les voisins. Parfois, ceux-ci évitent l'endeuillé, car ils ne veulent plus entendre parler de la mort ou craignent de provoquer chez le deuilleur une décharge d'émotivité qu'ils ne sauraient contrôler.

Le deuil spiritualisé

Nous avons déjà donné l'exemple de ces moines d'un monastère qui, au décès de l'un des leurs, faisaient la fête, au lieu de faire leur deuil. Nous rencontrons des endeuillés qui, par stoïcisme chrétien, suivent à la lettre les paroles de saint Paul : « Ne pleurez pas comme des païens. » Or, l'apôtre Paul n'avait nullement l'intention d'empêcher ses disciples de pleurer. Il leur recommandait plutôt de ne pas le faire à la façon des païens, qui n'avaient aucune espérance dans un au-delà.

Une religieuse déclarait qu'elle n'avait pas eu à faire le deuil de son père, décédé depuis dix ans. Elle le priait tous les jours. Nous lui avons suggéré de cesser cette pratique de prière si elle voulait faire son deuil. Nous lui avons conseillé de prier Dieu plutôt que son père. Elle a fini par reconnaître qu'elle désirait le garder vivant et ne voulait pas se détacher de lui.

La résolution des résistances

Pour prendre conscience de toutes les émotions et de tous les sentiments causés par le décès d'un être aimé, l'endeuillé doit se donner du temps. En effet, une partie de lui sait que la personne chère est bel et bien morte, mais une autre partie de lui refuse de le reconnaître et emploie toutes sortes de stratégies pour la garder vivante. Comment aider l'endeuillé à traverser l'étape du déni?

Respecter les résistances

Tout d'abord, il est impératif de garder une attitude respectueuse envers les personnes qui vivent les résistances du déni. Il ne faut surtout pas aborder le deuilleur avec « de gros sabots » et exiger de lui qu'il taise ses résistances. Celles-ci visent à le protéger de la menace de la dépression ou de la décompensation. Essayer de faire avancer le deuil d'une personne malgré elle est improductif, voire nuisible. Pour ramener le deuilleur à son deuil, il est important avant tout d'établir avec lui un lien de confiance.

Écouter l'endeuillé

Lorsqu'une personne est arrêtée à l'étape du déni, la meilleure façon de l'aider à cheminer dans le deuil est de la faire parler des événements entourant la mort de l'être aimé. C'est ce que l'on faisait traditionnellement au salon funéraire, durant l'exposition de la dépouille mortelle. Les endeuillés répétaient plusieurs fois aux visiteurs les événements entourant la mort. Ces confidences répétitives, si tristes soient-elles, stimulaient la mémoire et, par conséquent, faisaient sortir l'endeuillé de son état de torpeur.

Souvent, craignant de provoquer une crise de larmes chez l'endeuillé, certains proches croient bien faire en évitant de parler du défunt avec lui. Ils ne savent pas quoi faire dans ces moments, alors ils évitent toute référence au défunt. Si l'on ne sait pas quoi dire, il ne reste qu'à garder le silence. Quand la personne endeuillée pleure, il faut être là et l'écouter. Cependant, si elle demande de ne pas parler du défunt, il est important de respecter sa décision. Après quelque temps, on peut revenir pour vérifier si elle est prête à en parler.

Faciliter l'expression des émotions

Si elles veulent faire leur deuil, certaines personnes doivent abandonner le contrôle sur leur émotivité. Elles doivent se permettre de régresser et de redevenir des enfants. On constate que, si un homme reçoit un massage d'une personne compétente et fiable, il peut se laisser aller et se mettre à exprimer des émotions comme la tristesse, la colère et la culpabilité, etc. Nous conseillons aux épouses dépourvues devant un mari qui a de la difficulté à exprimer ses émotions de proposer à leur conjoint de l'aider à se détendre en lui donnant un massage ou en le serrant dans ses bras pour le bercer.

Un jour, dans un groupe d'hommes, un participant se disait incapable de pleurer sa mère récemment décédée. Il ressentait un grand malaise qui lui serrait le cœur. L'animateur de la rencontre lui proposa de laisser sortir son immense colère, pendant que les parti-cipants le retiendraient physiquement. Il accepta. Au bout de dix minutes, le pauvre homme se sentit épuisé. L'animateur lui suggéra par la suite de parler à sa mère. L'endeuillé se mit alors à pleurer abondamment. L'animateur venait de créer un rituel efficace.

Enrayer la momification

Comment réagir devant une situation de momification ? Trois ans après la mort de leur fils de 17 ans, un couple avait encore conservé intacts ses effets personnels. On aurait dit que la vie s'était arrêtée dans la maison. La chambre du jeune était restée telle qu'elle était au moment de son décès. Ses parents y faisaient le ménage régulière-ment ; les habits étaient bien rangés dans l'armoire, comme si le fils était sur le point de rentrer. Les deux conjoints investissaient dans la mort au lieu de la vie. Nous leur avons conseillé d'inviter les amis de leur garçon et de leur donner ses objets personnels et ses vêtements. Ce qu'ils firent. Une fois cette tâche accomplie, le processus de deuil a enfin pu s'enclencher.

Surveiller les états dépressifs ou le vague à l'âme

Les thérapeutes du deuil, les accompagnateurs et les amis doivent chercher à détecter ce qui occasionne des états dépressifs, une léthargie constante, un vague à l'âme et une torpeur débilitante. Souvent, les personnes victimes de tels maux ont négligé de faire un ou plusieurs deuils. Elles les ont simplement oubliés et enfouis dans l'inconscient, reprenant leur train-train quotidien. Une invi-tation à relater leur histoire leur fournira la possibilité de détecter les deuils non achevés. Dans nos sociétés contemporaines, la négation sociale de la mort et du deuil invite à refouler presque tous les épisodes pénibles de la vie.

Prendre soin de soi

On conseille aux deuilleurs de bien dormir et de bien se nourrir, car faire un deuil exige une bonne dose d'énergie. Si par exemple une personne a dû prendre soin d'un malade en phase terminale pendant plusieurs jours ou même plusieurs mois, une période de repos s'impose avant de commencer le travail du deuil.

Pourquoi une personne en deuil tombe-t-elle souvent malade? Tous ses symptômes physiques et psychologiques peuvent contribuer à affaiblir son système immunitaire. Ainsi, la fatigue, le manque d'appétit et la perte du goût de vivre peuvent être des facteurs aggravants. Si la personne endeuillée a le désir de s'en sortir et si elle continue de s'alimenter le plus normalement possible, elle met toutes les chances de son côté pour rester en santé physique et psychologique.

Affirmant vouloir se détendre, certains endeuillés se lancent avec de bonnes intentions mais parfois sans discernement, dans le sport. Ils sont alors plus susceptibles d'être victimes d'accidents, à cause de leur épuisement physique ou psychologique et d'un manque de concentration. Des veuves accidentées nous confiaient qu'elles éprouvaient une motivation secrète à manifester leur douleur intérieure à travers une blessure. C'était une façon pour elles de crier au secours.

La période du deuil n'est guère propice aux prises de décisions importantes, comme accepter de cohabiter avec quelqu'un ou investir d'importantes sommes d'argent. Dans les circonstances du deuil, on doit reconnaître et surtout accepter d'être fragile et vulnérable. Aussi est-il important de diminuer au maximum les occasions de stress.

TROISIÈME ÉTAPE : L'EXPRESSION DES ÉMOTIONS ET DES SENTIMENTS

*Les émotions et sentiments qui n'ont
pas trouvé leur mode d'expression
ont tendance à s'imprimer dans le corps.*

Anonyme

Quand les résistances au deuil cèdent, apparaît toute une série d'émotions et de sentiments. Leur expression fait souvent peur au deuilleur, car ils arrivent à l'improviste. Celui-ci craint de perdre le contrôle sur lui-même, d'être submergé par cette vague déferlante.

Les émotions et les sentiments sont une source de changements tant physiologiques que psychologiques, par exemple : des palpitations cardiaques, des rougeurs sur la peau, une décharge d'adrénaline, etc. Devant une situation plaisante ou déplaisante, les émotions manifestent leur accord ou leur désaccord. Elles sont passagères et temporaires ; une fois qu'elles ont trouvé leur mode d'expression, elles ont tendance à disparaître. C'est ce qui les distingue des sentiments, qui durent plus longtemps et tendent à se répéter. Les sentiments ressemblent davantage à des états psychologiques plus spirituels, alors que les émotions se manifestent plus au niveau physiologique.

Les émotions propres au deuil sont les suivantes : la tristesse, la peur de l'abandon, la colère et la culpabilité. Une émotion produite par une blessure comme la perte d'un proche, d'une activité ou d'un objet de valeur change dès qu'on l'exprime ; elle s'élimine d'elle-même. Par ailleurs, les sentiments propres au deuil se présentent comme ceux d'abandon, d'anxiété, d'impuissance, de culpabilité et de libération. Ils ont tendance à perdurer.

Les émotions et les sentiments influencent notre physiologie. Ils éveillent en nous des souvenirs provenant de la mémoire et de l'imagination ; ils ont la capacité de recréer des états de joie, de tristesse, de sérénité ou de colère. Si le sentiment d'être blessé et en colère se répète, il prend le nom de « ressentiment » ; il devient alors très nuisible à la santé physique et psychologique. La clinique des oncologues Simonton aux États-Unis ne donne jamais de chimiothérapie ou de radiothérapie à une personne cancéreuse tant qu'elle n'a pas éliminé le ressentiment en accordant le pardon.

Les émotions associées au deuil

La tristesse et les larmes

> Alors le malheur se dissout dans les larmes,
> se délite à petites gouttes pour sourdre hors
> du corps par les yeux.
>
> Myriam Cohen-Welgryn

Au moment où une personne apprend la mauvaise nouvelle d'une maladie grave ou de la mort d'un proche, elle se sent envahie par l'anxiété, par une peur viscérale ; elle pressent une menace imminente. La réalité de la mort et celle de sa propre mort se font toutes proches. Elle a l'impression d'avoir perdu la maîtrise de sa vie. Elle se sent elle-même impuissante et vulnérable.

La tristesse qui submerge la personne à ce moment est une émotion particulière au deuil. La douleur qui s'ensuit est celle qu'éprouve le cœur auquel on viendrait d'enlever l'objet de son amour. Au Canada francophone, la tristesse est souvent décrite par l'expression : « J'ai de la peine... » Chez les gens plus âgés, une nuance de punition peut s'ajouter à la tristesse. On entend souvent la complainte : « Qu'ai-je donc fait au bon Dieu pour qu'il m'envoie une telle épreuve ? » ou « Qu'est-ce que j'ai fait pour mériter cela ? » Parfois, certains endeuillés plongent dans un état d'amertume, de désolation et de désespoir si intense qu'ils désirent mourir comme le défunt. Leur tristesse est si grande qu'ils souhaitent aller le rejoindre au lieu de continuer à vivre sans lui.

Il ne faut pas confondre dépression et tristesse. La dépression représente un échec dans le déroulement du deuil ; l'endeuillé ne continue plus d'avancer dans le processus du deuil. La tristesse marque le déroulement normal du deuil. La personne tend alors à progresser vers l'acceptation du malheur et à se reconstruire dans son identité propre.

Il arrive aussi que nous ayons mal du bonheur des autres. Lors de l'accompagnement d'un groupe de personnes ayant perdu leur conjoint, nombre d'entre elles disaient refuser catégoriquement les invitations provenant de couples, même de leurs meilleurs amis. Elles décrivaient leur pénible sensation d'être seules parmi des gens heureux dans leur union. Elles se sentaient mal à l'aise, quelque peu honteuses, et même jalouses du bonheur des autres couples.

La colère

Chez les endeuillés, la colère est souvent un prétexte pour cacher sa tristesse. C'est le cas, nous l'avons vu, dans les disputes de famille entourant l'héritage.

On se fiait jusque-là à une justice universelle, à une sagesse, à « l'ordre des choses »... puis soudain, son mari meurt d'une crise cardiaque, un ami de longue date se suicide, un fils se tue avec sa moto toute neuve, etc. En un instant le monde chavire. On se révolte contre le destin ; on se met en colère contre Dieu ; on blâme les soins infirmiers, l'incompétence des professionnels de la santé, les conditions routières, etc.

Si les femmes vivent habituellement la tristesse plus à fond, les hommes, eux, ont tendance à passer rapidement à la colère. La colère s'exprime de façon sourde et tacite, prenant la forme plus ou moins consciente d'un reproche adressé au défunt de les avoir abandonnés.

Mais un endeuillé ose rarement laisser libre cours à sa colère contre un être cher décédé. « Comment se fâcher contre un mort ? » se dit-il. Il aura tendance à déplacer son agressivité sur les autres. Il cherche plutôt à trouver un ou des coupables de cette tragédie personnelle. Chez d'autres, la colère se retourne contre eux-mêmes. Submergés par un accès de culpabilité, ils désirent se punir eux-mêmes.

Nous proposons ici un exercice qui peut être fait seul et qui permet de libérer l'expression de la colère. Muni d'un bâton ou d'une raquette de tennis, on se place devant un objet qui peut absorber les coups, un lit ou un coussin, par exemple. On laisse monter le malaise en soi et puis, lentement, on frappe sur le matelas ou le coussin. En frappant, on plie les genoux, comme pour aller chercher son énergie du sol. On peut émettre des sons. On augmente progressivement la cadence des coups, pour épuiser l'adrénaline retenue dans son corps. Si l'on sent venir l'épuisement, on se couche par terre et on écoute bien les émotions qui montent en soi. Cette catharsis est étonnamment bénéfique.

Les croyants en deuil qui se mettent en colère contre Dieu vivent souvent une grande déception à l'égard du Tout-Puissant, du Tout-Aimant qui a « laissé mourir » l'être cher. On entend des récriminations telles que : « Qu'est-ce que je lui ai fait pour qu'il m'envoie un si grand malheur ? Il n'a pas exaucé mes prières ! » Nous avons même entendu une personne s'affichant comme athée s'exclamer : « Est-ce qu'il va finir par nous lâcher, nous sommes accablés ! »

Il n'est pas rare qu'un croyant en deuil vive une profonde crise de foi. Certaines personnes n'arrivent plus à prier à la suite du décès d'une personne aimée. Plusieurs se montrent indifférents à l'égard de Dieu, taisant leur colère. Dans notre pratique, nous consolons l'endeuillé fâché contre Dieu par ces paroles que Jésus a prononcées : « Mon Dieu, mon Dieu, pourquoi m'as-tu abandonné ? »

Les sentiments associés au deuil

La culpabilité

> *Il en va du sentiment de culpabilité comme du cholestérol,*
> *il y en a un bon et un mauvais.*
> *Le bon nous permet de vivre en harmonie*
> *avec nous-même et les autres.*
> *Le mauvais nous gâche la vie. Inutilement.*
>
> *Marie France*, avril 2003, p. 72

La personne qui se sent coupable vit un sentiment de remords ; elle a l'impression d'avoir fait quelque chose de mal ou de répréhensible. C'est un sentiment que connaissent la plupart des endeuillés. Il existe trois types de culpabilité : une culpabilité saine, une culpabilité obsessionnelle et une culpabilité existentielle.

La culpabilité saine chez l'endeuillé survient quand celui-ci reconnaît un ou des manques à ses devoirs envers le défunt. Ce sentiment de culpabilité affligeant l'endeuillé est basé, précisons-le, sur une réalité objective. En effet, la séparation provoque chez le survivant une vive conscience de manquements à l'égard du disparu. Des questions du genre « Lui ai-je suffisamment dit que je l'aimais ? », « Ai-je vraiment tout fait pour le sauver de la mort ? » remontent à l'esprit.

La culpabilité obsessionnelle est malsaine, car elle est répétitive et cache beaucoup de colère non exprimée envers le défunt. Elle se caractérise par des expressions telles que : « J'aurais bien dû... » « Il aurait fallu... » « Je m'en veux de ne pas l'avoir sauvé de la mort... »

Nous recevions en thérapie une jeune fille très colérique. Elle s'était disputée avec son père et séparée de lui, restant sourde aux tentatives de réconciliation de ce dernier. Peu de temps après, celui-ci mourait d'une attaque cardiaque. La jeune fille se sentait évidemment envahie par un sentiment de culpabilité, comme si elle-même l'avait fait mourir.

Souvent, les proches d'une personne qui s'est suicidée s'accablent de reproches. Une travailleuse sociale dont le frère s'était enlevé la vie vivait un intense sentiment de culpabilité qu'elle exprimait ainsi en thérapie : « J'aurais dû être près de lui au lieu de partir en vacances ! » Elle se détruisait, au point de se reprocher d'avoir provoqué le suicide de son frère. Nous lui avons d'abord fait exprimer l'amour qu'elle portait à son frère : « Je t'aimais, tu étais mon petit frère ! », puis son agressivité : « Je t'en veux, car tu as profité de mes vacances pour t'enlever la vie. » L'expression de sa frustration et de sa colère a eu pour effet d'atténuer grandement sa culpabilité malsaine et lui a permis de progresser dans son deuil.

La culpabilité existentielle est la troisième forme de ce sentiment. Lorsqu'on aime quelqu'un d'un amour démesuré, on peut en arriver à se dire inconsciemment : « Je vais te préserver de la mort ! » Quand la personne aimée meurt, le survivant pense avoir failli à sa tâche. Tant qu'il croit à sa promesse illusoire, il est angoissé et se sent coupable. S'il arrive à reconnaître son impuissance et ses limites existentielles, son angoisse et sa culpabilité s'évanouiront. C'est le cas d'une femme dont le fils de 17 ans s'était suicidé. En consultation, elle a fini par lâcher prise, abandonnant son mirage de toute-puissance à l'égard de son fils. Elle a ensuite appris à accepter le geste et à respecter le choix, si cruel soit-il, de son garçon ; elle a pris conscience que, dans les circonstances, celui-ci avait pris la seule solution qu'il pouvait entrevoir, persuadé de faire ce qu'il y avait de mieux pour lui, à ce moment-là. Ainsi, son angoisse et sa culpabilité se sont calmées. Elle avait renoncé à la toute-puissance de son amour. Elle a pu vivre la puissance de son impuissance.

La libération

De nombreux endeuillés finissent par éprouver un sentiment de libération. Certains se sentent coupables d'éprouver ce sentiment de liberté et ne se donnent pas la permission d'en jouir. En effet, à la mort d'un proche, certains disent : « Finies les visites à l'hôpital, les veillées de garde éprouvantes, les inquiétudes, finis tous les bouleversements de la vie quotidienne : quelle libération ! » Une fois ce sentiment avoué, les endeuillés éprouvent plus de sérénité.

La grande lamentation

Parvenus à la fin de l'étape de libération, il arrive souvent que des deuilleurs prennent vivement conscience de la séparation définitive d'avec l'être aimé. Ils vivent tous leurs liens amoureux avec le défunt, en même temps qu'ils perdent l'ultime espoir de revoir la personne vivante. Durant cette période, ils souffrent d'un vif chagrin, pleurent à en fendre l'âme et entrent dans la grande lamentation ou « la grande braille ». Leur tristesse se change en une douleur de désespoir. Puis, après l'éclatante décharge émotive, l'endeuillé ressent une paix profonde, souvent accompagnée d'expériences d'ordre spirituel : il a l'impression d'être protégé par des êtres spirituels ou il se voit baigner dans un flot de lumière et d'amour. Un homme nous confiait qu'il avait vécu « la grande braille » à la suite d'un divorce éprouvant avec sa femme. Or, pendant sa douloureuse détresse, il s'est senti porté par les bras de Jésus Christ.

Nous considérons que c'est à ce moment précis qu'advient la mort symbolique chez le deuilleur. Pour mieux comprendre ce phénomène, nous conseillons de lire l'ouvrage *La mort, ça s'attrape !*, de Jean Monbourquette.

Les résistances à l'expression des émotions et des sentiments

Plusieurs obstacles bloquent l'expression des émotions et des sentiments. Bien des deuilleurs ne disposent pas d'un répertoire assez vaste pour distinguer et exprimer les divers sentiments et émotions qui les habitent. Dans certaines familles, les membres n'ont pas appris la gamme des émotions et des sentiments habituellement vécus, certaines expressions émotionnelles y étant interdites. Les enfants ont vite compris qu'elles étaient inacceptables dans leur milieu familial. Ils ont reçu des injonctions verbales et non verbales :

« Ne pleure pas », « Ne te plains pas », « Ne sois pas triste », « Ne te mets pas en colère, sinon... », « Ne sois pas enfant... », etc.

Plusieurs hommes conservent longtemps en eux ces injonctions contre les émotions et les sentiments de tendresse et de vulnérabilité. Nombreux sont ceux qui s'exigent de maintenir le contrôle sur eux-mêmes et sur toute situation ; ils gardent une attitude de protecteurs, voire de guerriers ; ils n'osent pas montrer la moindre faiblesse. Plusieurs femmes, pour leur part, ont reçu l'autorisation de pleurer et de manifester leurs émotions de tendresse. Par ailleurs, elles ont plus de difficultés à exprimer leur frustration et leur irritation ; leur colère s'affiche souvent par des pleurs et des plaintes. Leur côté maternel leur interdit tout emportement, tout sentiment de rejet ou de colère.

La résolution des résistances

Le carrousel des émotions

Il ne faut pas s'attendre à vivre toutes les émotions d'un seul coup. Une ronde d'émotions et de sentiments s'installe pour toute la durée du deuil. Toutefois, il est consolant de constater que le carrousel émotif s'atténue à mesure qu'on a l'occasion de l'exprimer en mots. D'où l'importance, nous l'avons vu plus haut, de raconter souvent son expérience. Cette décharge émotive ressemble aux mouvements d'une vague qui se jette sur la plage et se retire, la différence étant que l'intensité des émotions s'amoindrit à chaque fois.

Débusquer les émotions et les sentiments trafiqués

Le grand défi pour le thérapeute du deuil consiste à débusquer les émotions et les sentiments trafiqués (*racket feeling*). On les qualifie de « trafiqués », parce que certaines émotions ne se montrent pas sous leur vrai visage. C'est comme si elles mettaient un masque. Au lieu d'exprimer une émotion, on préfère en exprimer une autre, plus acceptable. Par exemple, dans une famille, il est interdit d'exprimer sa colère, mais la tristesse est permise. En conséquence, l'énergie émotionnelle de la colère se traduit en tristesse acceptable par toute la famille. Au lieu de dire : « Je suis en colère ! », l'endeuillé dira plutôt : « Je suis triste ; ça n'arrive qu'à moi ! » Parfois, au lieu de dire : « Je me sens triste », les hommes proclament : « Je me sens frustré et en colère ! »

Le thérapeute du deuil aura pour tâche de démêler ce brouillamini émotionnel. Une émotion ou un sentiment trafiqué se reconnaît par le ton de la voix qui manque d'énergie (en anglais, on qualifie ce ton de *phoney*), par son mode répétitif et son manque de conviction. En écoutant une personne exprimer un sentiment trafiqué, on a l'impression d'entendre une plainte perpétuelle et l'on est envahi par une fatigue soudaine.

Se donner du temps

Certaines personnes sont tellement préoccupées par leurs activités extérieures qu'elles ne prennent pas le temps de s'arrêter, de prendre contact avec leur intériorité et d'écouter leurs émotions et leurs sentiments. Elles oublient de s'écouter elles-mêmes, de s'arrêter pour prendre conscience de leurs besoins importants. Une personne qui accompagne un endeuillé doit l'aider à prendre le chemin de son intériorité. Au début, certains détestent s'arrêter pour laisser remonter ce qu'ils ont au fond d'eux-mêmes, mais avec de la persévérance, ils arrivent à s'ouvrir à cette dimension de leur être.

Une bonne stratégie pour faire avancer le deuil d'une personne consiste à lui faire raconter les circonstances de la perte de l'être cher et à lui demander soudainement ce qu'elle ressent dans l'ici et maintenant. Parfois, on doit lui faire prendre conscience des sensations de son corps pour lui permettre enfin de rejoindre la véritable émotion et le sentiment authentique. Apprendre à la personne en deuil à faire de la conscientisation corporelle et à découvrir ses sensations, voilà le chemin royal qui l'aidera à éprouver et à exprimer les émotions et les sentiments qui l'habitent.

Accepter de pleurer et d'abandonner son image sociale de femme forte ou d'homme invincible devient essentiel pour la résolution du deuil. Certaines personnes de l'entourage resteront perturbées par ce changement, mais les véritables amis, eux, comprendront.

Vivre des émotions et des sentiments contraires

Il est important de permettre à l'endeuillé d'exprimer des émotions et des sentiments contraires. En effet, paradoxalement, l'endeuillé possède deux parties qui s'opposent. Par exemple, une mère en deuil de son fils dira : « Je l'aimais quand il m'obéissait, mais je le détestais quand il faisait des bêtises. » Dans un groupe de deuil, un aidant doit reformuler les deux parties ou les deux émotions qui viennent d'être verbalisées : « D'une part, vous aimiez beaucoup votre fils, mais quand il faisait des sottises, vous n'aviez pas le choix que d'être mécontente de lui. » Souvent, les endeuillés ont l'impression qu'il n'est pas « normal » d'avoir des émotions et des sentiments opposés. Ils sont souvent soulagés d'apprendre qu'il est tout à fait possible de vivre des émotions et des sentiments contraires à l'égard du défunt !

Prendre congé du deuil

Il est permis de prendre congé de son deuil et de faire une activité de loisir pour se distraire de la pensée constante de la mort et du deuil. Il est bon de demander de l'aide à des amis pour pouvoir vivre des moments de répit : marcher seul dans la nature, voir un film intéressant, partager un repas avec un ami, etc.

QUATRIÈME ÉTAPE : LA RÉALISATION DES TÂCHES CONCRÈTES RELIÉES AU DEUIL

En même temps que les endeuillés vivent toute une gamme d'émotions et de sentiments, plusieurs tâches concrètes reliées au défunt doivent être réalisées. Par exemple, exécuter les dernières volontés de l'être cher, accomplir les promesses faites au défunt, exécuter les rituels funéraires prescrits par la coutume, ranger les photos du défunt dans l'album familial, se défaire de ses vêtements et de ses objets personnels, se donner un lieu défini pour visiter le défunt au cimetière ou au columbarium, disposer des cendres dans un lieu bien identifiable, etc. Toutes ces tâches que l'on accomplit, parfois de façon banale, peuvent contribuer à faire progresser le travail du deuil. On n'affirme pas assez l'impact de poser des gestes rappelant la signification et la reconnaissance du mort. Si on les omet, le deuil risque d'être bloqué. Faire quelque chose pour le mort est presque instinctuel.

Un jour, une immigrante récemment arrivée à Montréal, ménagère dans un presbytère, nous a annoncé que son vieux père venait de mourir en Espagne. Ce qui lui faisait le plus mal, c'était de ne pas pouvoir, faute d'argent, se rendre assister aux obsèques. Elle demeurait inconsolable à l'idée de ne rien pouvoir faire pour son père. Pour l'aider, nous avons trouvé une chapelle de style espagnol, dominée par une grande croix. Nous lui avons conseillé d'y apporter des roses chaque mois durant un an, tout en priant Dieu pour l'âme de son père. Peu à peu, la douleur de son deuil s'est atténuée. Elle faisait enfin quelque chose pour le décès de son père !

Les résistances à accomplir les tâches requises par le deuil

Il est anormal qu'un deuilleur refuse de « faire quelque chose » pour le défunt, surtout s'il s'agit d'accomplir les rituels exigés par la culture : annoncer sa mort dans les médias, lui dresser un monument funéraire, lui assurer une sépulture digne, etc. Les deuilleurs réticents à accomplir de telles tâches pour le défunt ressentiront un indicible malaise, fait d'un sentiment angoissant de culpabilité.

L'incinération ou l'exposition ?

Avec la popularisation de l'incinération, de nombreux endeuillés ont recours à ce procédé pour éliminer le plus vite possible le corps de leur proche. Si la décision est prise de ne pas faire d'exposition ni de funérailles, les morts « disparaissent » sans laisser de traces.

Nous sommes d'avis qu'il est préférable d'exposer le corps du défunt pour que la famille et les proches puissent commencer leur deuil. Le défunt a appartenu à une communauté qui a le droit de voir une dernière fois leur ami décédé. Il pourrait y avoir une exception pour les malades ayant souffert d'une longue maladie, puisqu'ils ont souvent eu le temps de rencontrer les personnes importantes pour eux et de leur dire adieu.

Les promesses faites au mort

Il arrive souvent que, au chevet du mourant, des personnes chères fassent des promesses intenables. Sous le coup de l'émotivité, elles s'engagent à accomplir des choses difficiles, voire impossibles, à réaliser. C'est le cas de cette jeune épouse qui avait promis à son époux mourant de ne jamais se remarier et de lui rester fidèle après sa mort. Six mois plus tard, elle était devenue une veuve joyeuse et amoureuse d'un autre homme. Prise par son vœu, elle ne savait plus quoi faire. Nous lui avons confirmé qu'elle devait tenir sa promesse, tout en la rassurant : elle avait la possibilité d'en changer la teneur. À la promesse de ne plus se marier, elle a préféré celle d'orner de fleurs le monument de son mari tous les mois pendant un an. Cela l'a grandement soulagée !

Nous avons reçu en entrevue un ingénieur dont l'épouse était récemment décédée. Quand nous lui avons demandé s'il avait fait des promesses à la défunte, il a répondu qu'il s'était engagé à nettoyer le sous-sol, mais qu'il ne s'était pas senti obligé de le faire depuis la mort de son épouse. Nous lui avons recommandé de tenir tout de même son engagement. Plus tard, il est revenu nous raconter que cette tâche avait constitué pour lui la meilleure thérapie de deuil. Ce samedi-là, il s'était engouffré dans le désordre du sous-sol et y avait pleuré abondamment, car ce lieu faisait remonter des souvenirs de sa vie de couple. Il ne s'était pas gêné pour se mettre en colère contre sa femme en voyant la quantité d'objets inutiles accumulés. Une fois sorti de ce capharnaüm, il avait pris conscience qu'il avait passé la journée à dialoguer avec sa femme, exprimant ses sentiments de profonde solitude et de tristesse mêlés à des sursauts de colère.

Effets personnels du défunt

Plusieurs résistent à se départir des vêtements et autres objets personnels du mort. Nous conseillons aux endeuillés, s'ils s'en sentent capables, de liquider les objets personnels de la personne décédée.

Un homme conseilla à sa mère de se défaire des vêtements de son défunt mari, qu'elle conservait précieusement dans la garde-robe depuis huit ans. La veuve protesta, en disant à son fils : « Vous, les intellectuels, vous ne comprenez pas le cœur d'une veuve ! » Mais deux semaines plus tard, elle sollicita son aide pour aller remettre les effets personnels de son mari à une œuvre de charité. Elle garda seulement son alliance, qui était pour elle un bijou rempli de symboles. Elle entrevoyait enfin une façon de faire la transition entre sa vie de couple et sa vie de solitude.

La résolution des résistances

Il ne faut pas bousculer les deuilleurs à se débarrasser trop rapidement des photos et des objets personnels du défunt. Par contre, lorsqu'ils se sentent prêts à le faire, il convient de les encourager. Certaines familles tapissent les murs de leur maison de photos de l'être cher décédé. Avec la plus grande délicatesse, il importe aux accompagnateurs du deuil de leur suggérer de les enlever, les unes après les autres, et de les placer dans un album, pour éviter que le mort soit plus présent que les vivants dans la maisonnée. On empêche ainsi les endeuillés de cultiver une forme de momification.

Il est nécessaire que les soignants ou les amis des deuilleurs offrent de les aider dans la difficile tâche de se départir des objets du défunt, en les partageant entre les membres de la famille ou en les donnant à des organismes de charité. Il est convenable de garder une photo comme objet de transition.

Une femme qui avait perdu son amie à la suite d'un cancer s'est débarrassée de toutes les possessions de la défunte dès le lendemain des funérailles. Nous nous sommes posé des questions sur une telle conduite. S'agissait-il d'un refus de se souvenir de son amie? D'un empressement à éliminer les effets personnels de celle-ci pour éviter d'avoir trop mal? Nous croyons plutôt qu'il s'agit d'une autre forme de résistance, sous l'apparence d'une solution. Il aurait été préférable que l'endeuillée se donne du temps.

Dialoguer avec la personne défunte

Plusieurs endeuillés nous demandent s'ils peuvent parler avec le défunt. Oui, ils le peuvent, et c'est même recommandé. Il est important de compléter les dialogues déjà amorcés et non terminés dans la vie de tous les jours. Cela est nécessaire quand la relation entre le deuilleur et le défunt est restée endommagée ou brisée. Nous avons connu une fille qui s'était disputée avec son père parce que celui-ci n'aimait pas son fiancé, qu'il traitait de voyou. La jeune femme décida alors de ne pas inviter son père à son mariage. L'homme mourut de chagrin peu de temps après la cérémonie. Sa fille se sentit très coupable à son égard. Il a fallu organiser un rituel où elle regrettait de s'être disputée avec lui et de ne pas l'avoir invité à son mariage.

Que faire des cendres?

Il est capital de garder la trace de nos morts. Ainsi, des familles conservent parfois les cendres dans un lieu privilégié ou ostentatoire. Certaines mères de famille conservent même l'urne de leur enfant près de leur lit, pour pouvoir la bercer. Tant que les endeuillés ont besoin de la présence des cendres, il ne faut pas les forcer à s'en défaire, mais nous avons aussi constaté qu'avec le temps, l'urne funéraire finit par embêter les membres de la famille. L'urne aboutit parfois dans la chambre de débarras. Lorsqu'ils sont prêts, il faut encourager les deuilleurs à poser un geste pour disposer des cendres en toute dignité.

Nous conseillons de ne pas répandre les cendres n'importe où, parce qu'il arrive souvent que des proches désirent se recueillir auprès des restes du défunt. D'ailleurs, selon la loi, il est interdit de les répandre sur les voies publiques. Les cendres doivent être traitées avec dignité, qu'on les dépose dans un columbarium ou dans un jardin des cendres, préparé à cet effet dans les cimetières. Pour les adeptes de l'écologie, il existe des urnes biodégradables, faites de papier mâché ou d'amidon de maïs.

Nous avons élaboré un rituel pour enterrer les cendres dans le lot familial au cimetière. Nous demandons aux membres de la famille de jeter une pelletée de terre sur l'urne. Ce geste, tout simple, émouvant et signifiant, permet de reconnaître la disparition du défunt d'une façon définitive.

Une récente veuve nous a confié qu'elle ingurgitait les cendres de son mari en buvant son café du matin. Étrange rituel...

On raconte l'histoire d'un capitaine de navire qui, selon ses dernières volontés, souhaitait que ses cendres soient répandues dans la mer. La veuve loua donc un bateau et invita les proches à l'accompagner pour honorer le désir de son époux. Au large, la veuve s'apprêtait à jeter les cendres lorsqu'un coup de vent survint et projeta les cendres sur les invités. La veuve en avait partout sur son corps, et spécialement dans ses cheveux. Cette aventure l'a rendue presque hystérique.

CINQUIÈME ÉTAPE : LA QUÊTE D'UN SENS À LA PERTE

Le défi consiste à entrelacer
les fils ténus d'une vie brisée
afin d'en faire une œuvre riche
de sens et de responsabilités.

Allport Gordon

L'expression de ses sentiments et l'exécution des tâches requises par le deuil permettent au deuilleur de prendre ses distances à l'égard du décès de l'être cher et de voir la mort sous une nouvelle perspective. Afin de progresser dans la résolution de son deuil, il lui reste à découvrir le sens de cette mort pour lui et les orientations possibles qui se présentent à lui. Partant de ce malheur, quelle raison fondamentale lui permettra de poursuivre sa vie et d'accéder à une croissance psychospirituelle ? Au lieu de demeurer démuni et écrasé, il est désormais en mesure de profiter d'une plus grande sagesse. La séparation lui aura permis de développer sa maturité.

La nécessaire quête de sens

Pour le psychanalyste Viktor Frankl, fondateur de l'école de la logothérapie et auteur de l'ouvrage *Découvrir un sens à sa vie*, il existe chez tout être humain une volonté de sens. Frankl constata que ses patients ne souffraient pas simplement de problèmes sexuels (comme le soutenait Sigmund Freud) ou de complexes d'infériorité (selon Alfred Adler), mais plus encore d'un « vide

existentiel ». Les personnes privées de sens dans leur vie mani-
festaient des névroses. Frankl en conclut que le besoin essentiel
de l'être humain n'est ni sa croissance sexuelle ni la volonté de
puissance, mais bien une volonté de sens de sa vie. Frankl aimait
beaucoup citer Nietzsche : « Celui qui a un pourquoi qui lui tient
lieu de but peut vivre avec n'importe quel comment. »

Il importe que l'endeuillé soit lui-même capable de trouver le vrai
sens de sa perte. En effet, il arrive souvent que des consolateurs se
risquent naïvement à offrir un sens étrange à l'événement douloureux. Une religieuse avait dit à une femme, lors du décès de
son mari : « Comme le Bon Dieu vous aime en venant chercher
votre époux ! » Elle n'a pas compris son message ; elle en était
même bouleversée. À une maman qui a perdu son enfant à la
naissance, l'infirmière lui a dit, pour la consoler : « Vous êtes
jeune, vous pourrez en avoir d'autres ! »

Qui peut se permettre de poser à la personne en deuil la vraie
question du sens ? Celui qui aura entretenu des rapports privilé-
giés avec elle et qui aura suivi l'évolution de son deuil. Sinon, la
question de sens risque de survenir comme une intrusion mal-
adroite dans son intimité. L'à-propos du moment (*timing*) est très
important. On ne peut se permettre d'interroger l'endeuillé sur
le sens qu'après l'expression de ses sentiments et de ses émotions
et l'exécution des tâches concrètes liées au deuil. L'endeuillé a
alors pu prendre peu à peu ses distances avec l'aspect tragique de
la situation. Il commence à mettre en perspective la séparation
avec le défunt. C'est le moment de le faire réfléchir sur le sens
possible à donner à sa perte.

L'exemple suivant permet de constater la puissance de la question du sens. Nous avons demandé à une femme, tout attristée et
inconsolable de la mort de son bébé de deux mois, si elle avait
trouvé un sens à la perte de son enfant. Elle nous a répondu

qu'elle était athée et qu'elle ne voulait pas entendre « parler du Bon Dieu » dans son drame. Nous lui avons fait remarquer que c'était elle qui avait parlé de Dieu. La semaine suivante, elle est revenue en déclarant : « J'ai trouvé une réponse stupide à votre question stupide. J'ai un bébé au ciel, et ma meilleure amie habite aussi au paradis. Elle m'a dit, juste avant sa mort, que le plus grand chagrin de sa vie était de ne pas avoir eu d'enfant. Je veux lui donner mon bébé, pour qu'elle ait la chance de l'aimer et de l'éduquer. » Très surpris de cette réplique, nous nous sommes empressés de rédiger un acte d'adoption et de le lui faire signer. Une semaine plus tard, elle nous a annoncé qu'elle avait fait enterrer les cendres de son enfant dans le cimetière de son village natal. Elle ne ressentait plus le besoin de bercer l'urne funéraire tous les soirs.

Les deuilleurs ont toujours la capacité de trouver un sens à la mort d'un être cher, aidés d'une spiritualité, d'une religion ou d'une philosophie. Ainsi, notre cliente « athée », malgré son athéisme, avait trouvé un bout de ciel pour y loger son enfant.

Selon Viktor Fankl, dans son ouvrage *Découvrir un sens à sa vie,* il n'existe pas de situation de vie qui ne recèle un sens ou une raison d'être. On a toujours la possibilité de trouver un « pourquoi » à toute tragédie. Frankl en sait quelque chose, lui qui a vécu dans les camps de concentration nazis au cours de la Seconde Guerre mondiale. Il affirme que tous les prisonniers qui ne découvraient pas de sens à leur situation s'enlevaient la vie.

À l'âge de 11 ans, Isabelle se retrouva orpheline de ses parents, de son grand-père et de sa sœur. Une fois mariée, elle désirait fonder une famille avec de nombreux enfants. Après la naissance de son fils, elle fit trois grossesses extra-utérines. Son médecin lui annonça alors, à sa grande stupéfaction, qu'elle ne pourrait plus jamais avoir d'enfants. Sidérée, Isabelle entreprit des démarches en vue d'adopter des enfants, mais son mari ne l'encouragea pas dans ce sens. Elle finit par abandonner, à cause du manque de soutien de son conjoint et des tracasseries administratives qu'elle devait affronter, seule. La dure réalité se révéla à elle. Elle avait mal des bébés des autres. Elle détournait les yeux pour ne pas les voir, tout en étant plongée dans sa peine. Grâce à diverses thérapies, un beau jour, elle se vit sourire à la vue de bébés qu'une mère promenait dans un parc. La guérison psychologique approchait.

Huit années plus tard, Isabelle partit en retraite en Grèce avec des amis. Elle leur raconta son histoire avec sérénité. Il s'ensuivit un temps de solitude et de réflexion. Elle se retrouva sur la plage, face à la mer. Au loin, un berger gardait un troupeau de moutons. Un profond sentiment de paix l'habitait. Tout à coup, une phrase est montée en elle : « Tu peux donner la vie autrement ! » Une certitude venait de s'imposer. Elle sentait qu'il s'était passé un événement très important pour elle, mais son questionnement demeurait sans réponse : « Donner la vie autrement… mais comment ? » Quelques années plus tard, lors d'une session sur le sens de la vie, elle découvrit que sa mission consistait, entre autres, à animer des sessions de croissance psychospirituelle. Elle pouvait ainsi aider à « donner la vie autrement » et accompagner les participants désireux d'entreprendre ce chemin vers leur âme et d'y trouver la Vie !

Les résistances

Lors d'un colloque sur les résistances au deuil destiné à des psychologues, nous étions sur le point de commencer l'étape de la quête d'un sens à donner après l'expression des émotions, quand un des participants s'est indigné de voir que nous faisions appel à la religion dans la thérapie de deuil. Il confondait spiritualité et religion. Il croyait aussi, à tort, que le déroulement du deuil était terminé une fois franchie la catharsis des émotions.

Or si l'on n'arrive pas à trouver le sens de la perte d'un être cher, la vie paraîtra absurde et injuste. De nombreux deuilleurs n'ont plus d'élan ni d'initiative ; ils se sentent impuissants devant les défis de la vie et craignent de s'engager dans de nouvelles relations.

La résolution des résistances

La mort, c'est une montée dans la lumière.
Quand on a la vie, ce n'est pas une tombe, c'est un
berceau.
Et le dernier soir de notre vie temporelle
est le premier matin de notre éternité.
« Ô mort si fraîche, ô seul matin », disait Bernanos.

Doris Lussier

L'accompagnateur sera habileté à poser la question du sens du deuil à certaines conditions :

- Avoir un bon rapport avec l'endeuillé ;

- Lui faire reconnaître son impuissance existentielle devant la mort de l'être cher ;

Attendre le moment propice, c'est-à-dire donner du temps à l'endeuillé pour réfléchir à la réponse.

- Une fois toutes ces précautions prises, voici les questions à poser. L'aidant peut choisir celle qui lui paraît la plus pertinente pour la situation de l'endeuillé.

- Qu'avez-vous appris de la perte de l'être cher ?

- Est-ce que vous vous connaissez davantage?

- Quelles limites ou fragilités avez-vous reconnues en vous?

- Quelles nouvelles forces et ressources avez-vous découvertes en vous?

- À quoi cette épreuve vous a-t-elle initié?

- Quelles nouvelles raisons de vivre vous êtes-vous données?

- Dans quelle mesure avez-vous décidé de changer vos rapports avec vous-même, les autres et avec Dieu?

- Quels projets de vie vous êtes-vous donnés pour bien utiliser ce temps de l'après-deuil?

Laisser venir la réponse du Soi intérieur

D'après la théorie du Soi de Carl Jung, nous avons tous en nous une sagesse innée appelée *imago Dei*. Ce « Soi » au cœur du psychisme est un archétype royal qui connaît l'ensemble de notre personne, ses besoins, ses orientations à venir. Nous participons par là à une nature divine, comme l'affirmait Maître Echkart : « Nul ne peut connaître Dieu qui ne se soit d'abord connu lui-même. »

Quand nous nous posons les questions du sens, nous interpellons le Soi et ses intuitions profondes. Il arrive souvent que notre Soi communique avec nous spontanément ou se manifeste dans des songes. Le Soi jouit d'une fonction créatrice qui nous révèle qui nous sommes et en quoi consiste notre mission dans la vie.

Pour le croyant, le Soi représente le lieu de la présence de Dieu en lui. Le Soi accueille l'Esprit Saint, qui communique les vues de la Providence ou encore de l'Intelligence créatrice.

* * *

Les fruits d'une quête de sens résolue

Avec la découverte progressive d'un nouveau sens à la perte, on peut s'attendre à divers changements d'attitudes et de perceptions de soi-même, des autres, de l'Univers et du monde spirituel. En voici des exemples.

Sens humain

- Changement de valeurs : un parent nous confiait que les biens matériels ont désormais beaucoup moins d'importance pour lui ;

- Une mère nous révélait que la mort de son fils l'avait rendue plus audacieuse et combative ;

- Un couple rapportait combien il avait apprécié l'appui de ses proches et de ses amis. Les conjoints ont étendu leur cercle d'amis à d'autres parents endeuillés comme eux.

Sens spirituel

- Nouvelle vision de soi, des autres et de l'Univers ;

- Découverte d'une mission : le père dont le fils s'est suicidé a créé une association pour les parents dans la même situation ; plusieurs femmes battues militent contre la violence faite aux femmes ;

- La découverte du sens de la souffrance, de l'amour, du pardon et de l'au-delà.

Sens inspiré ou révélé par la foi en Dieu

- La recherche d'une nouvelle cohérence entre les croyances religieuses et l'événement de la perte d'un être cher ;

- Le rôle de la plupart des religions est d'avoir une histoire assez large qui permet d'englober les pires contresens de la vie comme la croix, la résurrection, la communion des saints, etc.

* * *

- Peu à peu, en respectant le processus naturel du deuil, l'endeuillé chemine vers l'acceptation du décès de l'être cher. Il accueille la réalité de la mort dans sa vie. Il ne se contente pas de se résigner à une réalité inéluctable ou de se soumettre au fatalisme de la fin de vie. Il est plutôt porté à cultiver l'espoir, en toute lucidité ; il s'encourage à affronter l'adversité et à surmonter les coups du sort. Garder espoir dans l'épreuve du moment, c'est cheminer vers la résolution de son deuil.

SIXIÈME ÉTAPE : L'ÉCHANGE DES PARDONS

Le pardon amène à suspendre tout jugement
sur l'offenseur
et à découvrir son vrai Soi, créateur
et étincelle de divinité.

Joan Borysenko

Lors d'une session sur le pardon, une femme de haute noblesse, très chrétienne, nous a demandé s'il était possible de pardonner aux morts. Bien sûr ! Si l'on croit à la communion des saints, il convient entre autres de finir les dialogues non terminés et d'échanger des pardons : accorder son pardon et demander en retour au défunt son pardon. La communion des saints désigne, dans le christianisme, l'union de l'ensemble des fidèles vivants et morts unis par l'appartenance au Christ ressuscité. Les vivants et les morts peuvent communiquer entre eux. Toute personne croyant dans un au-delà peut entrer en relation avec un proche décédé.

L'expérience nous a appris la nécessité de pardonner pour achever le processus du deuil. Le pardon s'avère une merveilleuse méthode de lâcher-prise. L'endeuillé qui sera parvenu à accorder son pardon au défunt pour ses faiblesses et surtout pour son départ impromptu se libérera des restes de colère que la blessure de l'absence aura pu lui infliger. Par ailleurs, en demandant au défunt de lui pardonner ses propres fautes et ses manques d'amour à son égard, l'endeuillé réduira d'autant l'intensité de sa culpabilité. L'échange de pardons avec l'être cher disparu lui apportera la paix. À la suite de la réconciliation avec l'être aimé, il se sentira réconcilié avec lui-même et se retrouvera disposé à accueillir son héritage (voir entre autres l'ouvrage *Comment pardonner?*).

Un jour, on demanda à un ancien prisonnier de guerre s'il avait pardonné à ses tortionnaires; il répondit que jamais il ne le ferait. On lui répliqua : « Vous n'êtes donc pas sorti de votre prison. » De la même façon, un endeuillé qui ne pardonne pas demeure enfermé dans sa prison. Il passera sa vie à entretenir une relation inconfortable avec une personne décédée. Il est capital pour l'endeuillé de faire amende honorable à des proches défunts, sinon il ne pourra pas progresser dans son deuil. Qui a le pouvoir de nous offenser le plus, sinon les personnes intimes que nous avons laissées pénétrer dans notre cœur et sur lesquelles nous avions beaucoup d'attentes?

Comment définir le pardon?

Toute personne qui reconnaît le Soi comme centre spirituel et source d'amour inconditionnel pourra vivre le processus du pardon. On peut toutefois affirmer que le pardon est la marque caractéristique du chrétien. Pierre demanda à Jésus : « Irais-je à pardonner jusqu'à sept fois à mon offenseur? » Jésus lui répondit : « Pas sept fois, mais soixante-dix fois sept fois. » Il n'y a donc pas de limites au pardon pour les disciples de Jésus.

Le pardon, c'est le don par excellence. C'est l'amour inconditionnel qui est reconduit envers une personne qui nous a blessés, à qui nous avons toutes les raisons du monde d'en vouloir et dont nous souhaitons nous venger. Le pardon est encore un acte de collaboration avec Dieu. La part de l'humain consiste à se guérir de la blessure soit physique, soit émotionnelle, soit spirituelle; la part divine, c'est de nous rendre conscients d'être aimés à un point tel que nous sommes capables à notre tour d'aimer l'offenseur. Le signe suprême du pardon, c'est notre capacité à prier pour l'offenseur, pour qu'il soit heureux, qu'il accepte de changer et évolue pour le meilleur de lui-même.

Si on ne pardonnait pas...

Les conséquences du refus de pardonner sont multiples. Il reste les options de se venger, d'être prisonnier du ressentiment, de vivre dans le passé ou d'être contaminé par l'offense.

Se venger n'est pas une option viable. On s'enferme dans un cercle infernal. La vengeance apporte souvent un soulagement ponctuel, mais on a vite fait de reconnaître que l'offenseur ne se laissera pas faire et qu'à son tour il se vengera. Ce qui est stupide dans la vengeance, c'est qu'on ne connaît pas le degré de douleur qu'on inflige à l'autre. En conséquence, on augmente la gravité de l'offense pour que l'offenseur souffre davantage. On s'engage alors dans une escalade de haine sans fin.

Dans le cadre d'une conférence sur le pardon, un auditeur nous a interpellés : « Moi, je pardonne à mon offenseur, mais je n'oublie pas. » Nous lui avons expliqué que continuer à vivre dans le ressentiment serait très nuisible à sa santé physique et émotionnelle. En effet, le ressentiment oblige à revivre la blessure avec ses douleurs, ses peurs, sa colère, etc., tout un cocktail d'émotions délétères qui engendrent des maladies comme le cancer, car elles attaquent le système immunitaire.

Ressasser sans cesse les circonstances de la blessure, c'est s'habituer à vivre dans le passé. Le temps perdu influence et conditionne son présent et son avenir. On s'enferme dans des souvenirs malheureux ; ainsi, on délaisse le moment présent de l'action et on se coupe de la créativité de son avenir.

Les offenses non pardonnées contaminent tellement l'esprit que l'endeuillé peut en arriver à vouloir répéter l'offense qu'il a vécue : Richard a été victime d'inceste aux mains de son père ; malgré la souffrance et l'ignominie qu'il a vécues, il demeure tenté de répéter ces gestes odieux envers son propre fils. Ce phénomène s'appelle « l'identification à l'agresseur ». Or, le pardon a le pouvoir de faire cesser cette conduite répétitive chez la personne atteinte de ce mal. Richard en est arrivé à pardonner son père. Il a déclaré : « La continuité des violences sexuelles dans ma famille, c'est bel et bien fini ! »

Les résistances

Il est étonnant de constater que le pardon compte un bon nombre d'adversaires. Certains psychologues limitent en effet leur exercice de la psychologie aux névroses émotionnelles, ignorant les aspects spirituels des maladies. Certains ont même un parti pris contre le pardon. Ceux-là sont souvent d'anciens croyants qui n'ont pas grandi dans la foi et qui, par conséquent, méconnaissent la grandeur du pardon. Dans une émission de télé, un psychiatre proclamait haut et fort qu'il ne fallait pas pardonner, mais plutôt se venger. C'est un retour à la loi du talion ! Ces personnes rendent de très mauvais services à leurs auditeurs en parlant en mal du pardon ; ils négligent la force de guérison spirituelle de leurs clients. Pourtant, des articles scientifiques soulignent les effets positifs liés à la pratique du pardon, en particulier chez les couples. Certains pasteurs américains se servent du pardon pour éviter le divorce chez leurs couples. Le pardon est une technique très efficace pour soigner les blessures relationnelles des conjoints.

La résolution des résistances : vivre l'échange des pardons

Pour vivre une séance de pardon pour endeuillés, il importe de se réserver du temps et de l'espace, de façon à éviter d'être dérangé par le bruit ou l'arrivée inopinée d'un visiteur. On peut être seul ou inviter des personnes intimes qui approuvent le rituel et y collaborent. Pour rendre le rituel plus vivant, on peut décorer le lieu avec des fleurs, allumer des chandelles ou des lampions et faire jouer une musique douce. Tous ces éléments aident à réveiller les sens.

Placer deux chaises l'une en face de l'autre. L'endeuillé s'assoit sur l'une d'elles et l'autre reste libre. Dans un premier temps, il commence à avouer ses fautes et ses manquements envers le défunt au cours des années de vie commune. Il prend un temps de silence, de façon à sentir le pardon l'envahir. Et il demande pardon au défunt.

Puis, la personne endeuillée change de chaise. Elle se souvient de tous les déplaisirs et des fautes commises à son égard. Elle s'adresse de nouveau au défunt : « Je voudrais t'entendre demander pardon pour les offenses et les manques d'amour que tu m'as fait subir. » Elle écoute l'autre lui accorder son pardon.

D'autres endeuillés préfèrent un exercice plus intime ; il importe toutefois de ne pas négliger les préparatifs du rituel. La personne en deuil écrit une lettre à son proche décédé, dans laquelle elle lui demande pardon pour tous ses manquements à son égard. Elle se déplace ensuite dans un autre lieu, puis elle décrit, dans une autre lettre, les indélicatesses, les injures et même les offenses que le défunt a eues envers elle. Elle lui accorde ensuite le pardon.

S'engager dans un rituel de pardon, c'est vraiment éliminer tous les résidus de colère, d'animosité ou de culpabilité. En accordant le pardon à la personne disparue de sa vie, on nettoie tout ce qui reste de colère intérieure ; en demandant pardon pour ses propres faiblesses et ses manques d'amour, on se soulage de sa culpabilité malsaine et on peut enfin retrouver la paix du cœur.

* * *

Voici une anecdote intéressante sur le pardon. Dans un petit village, un bûcheron sans instruction, animé seulement par sa foi de charbonnier, s'agenouilla à côté de la dépouille mortelle de son ami. Il récitait le chapelet ; à chaque dizaine, il réglait ses comptes avec le défunt : « La hache que je t'ai prêtée et que tu as perdue dans le bois, je te la donne. Je vous salue, Marie... » À la dizaine suivante : « Les vingt dollars que je t'ai prêtés et que tu ne m'as jamais rendus, je te les donne. Je vous salue, Marie... » Le bûcheron exprima ensuite ses regrets : « Pour la fois où j'ai incité les autres à rire de toi, je te demande pardon. Je vous salue, Marie... » Le chapelet terminé, il se leva, la conscience en paix.

SEPTIÈME ÉTAPE : LE « LAISSER PARTIR »

Te laisser partir

Au milieu de mon désarroi,
il me vient parfois un grand élan de liberté ;
simplement te laisser partir.

Ne plus attendre la lettre qui n'arrive pas,
le coup de téléphone qui ne sonne pas,
le mot de repentir qui ne vient pas.
Combien d'avantages à te laisser partir !
Plus de temps pour moi, pour mes amis,
moins de veilles, moins d'insomnies,
plus de projets, plus de joie de vivre.

Comme c'est simple, de te laisser partir...
Pourtant, à cette seule pensée, j'en ai le souffle coupé !

Jean Monbourquette *(Grandir. Aimer, perdre et grandir)*

Aimer l'autre, c'est consentir à le laisser partir.

Anonyme

Il est curieux de constater que même si une personne est décédée, elle s'attache à nous ou nous la retenons comme si elle était vivante en nous. Les pages sur le déni l'ont bien montré. Plusieurs psychologues et anthropologues règlent le problème de la subsistance de l'âme *post mortem* en la décrivant comme une « résistance au deuil » et comme une hallucination. Par ailleurs, les cultures dites primitives parlent de l'âme du défunt comme si celle-ci n'était pas morte, comme si elle rodait autour des lieux familiers. L'âme ne partirait pas immédiatement avec la mort.

Dans certains villages africains, sept ou neuf jours après le décès, les habitants vont reconduire le mort aux limites de la forêt. Les traditions primitives seraient-elles plus vraies que nos sciences modernes dites positives?

Un collègue raconte que son psychologue avait stimulé son chakra des émotions. Cette manœuvre a réveillé des souvenirs de son père, décédé depuis trois ans. À la vision de son père, il a vécu une décharge affective, accompagnée de pleurs abondants. Sa catharsis était faite d'un mélange de déceptions, d'élans d'amour, d'accès d'agressivité et de moments de peur. Enfin, il a pu parler longuement à son père et lui exprimer toutes les émotions qu'il tenait cachées. Ce collègue disait avoir complètement oublié ces souvenirs qu'il a pu exprimer à son défunt père dans le cadre de cette thérapie. Chose assez intrigante, l'âme de son père s'était accrochée au chakra des émotions.

Après la session sur l'échange des pardons, il nous est souvent arrivé de demander à nos clients s'ils percevaient encore le visage ou la forme de leur cher défunt. Plusieurs nous ont répondu qu'ils se l'imaginaient à l'extérieur d'eux-mêmes sur une ligne du temps. Nous leur avons demandé de faire disparaître cette image du défunt en l'éloignant symboliquement d'eux avec la main. Certains protestaient, affirmant qu'ils voulaient garder l'image de la présence du défunt; ils résistaient à le laisser partir. D'autres, par ailleurs, acceptaient de faire disparaître l'image derrière eux, au-delà des nuages; ils désiraient laisser partir l'être cher, tel un cerf-volant ou un ballon dans le ciel.

Nous présentons ici un exercice qui permet d'aider le lecteur à mieux percevoir l'importance des liens fusionnels entretenus avec le défunt. Il aide aussi à comprendre les symptômes de mort que le deuilleur entretient à l'occasion du décès de l'être cher.

La plupart des participants à nos ateliers identifient et décrivent avec facilité les liens qui les unissent encore à une personne décédée, et ce, à partir des sensations, des émotions et des sentiments ressentis. En outre, ils peuvent même très bien représenter, à l'aide de « bonshommes allumettes », la valeur et l'importance de leurs relations avec le défunt. Exemples : un homme se sent très attaché par le cœur physique de son épouse ; une femme s'imagine toute petite, collée au flanc de sa mère ; certains se perçoivent impuissants, liés à la personne aimée par de multiples chaînes.

Exercice pratique

1re étape : visualiser la personne avec laquelle vous êtes lié affectivement

- Trouvez un endroit tranquille.

- Imaginez-vous devant la personne décédée à laquelle vous êtes attaché.

- Placez-vous en face d'elle.

- Commencez à ressentir le grand attachement qui vous relie à cette personne.

- Marchez autour d'elle.

- Observez-la, touchez-la, tout en demeurant attentif à ce que vous ressentez.

- Prenez conscience des liens puissants qui vous relient à elle.

- Imaginez-vous être attaché à elle par des liens physiques.

- Comment décririez-vous le matériau dont ces liens sont faits ?

- Quelle partie de votre corps se trouve attachée à la personne aimée ?

- Où se trouve le principal point d'attache?
- Expérimentez pleinement les sensations provoquées par ce lien.

2e étape : dessiner ce lien qui vous unit à la personne aimée

- Représentez schématiquement le lien que vous venez de visualiser.

3e étape : prendre conscience de son intériorité

- Quels sentiments ou sensations éprouvez-vous?
- Quelles parties de vous-même se sont senties blessées?
- Décrivez la blessure causée par la rupture des liens.
- Décrivez l'état d'âme dans lequel vous vous trouvez.
- La plaie se referme-t-elle d'elle-même?
- La blessure est-elle si profonde que vous auriez envie d'aller retrouver la personne aimée dans la mort?
- Comment aspirez-vous à survivre à cette absence?
- Quelles conséquences sur votre santé physiologique et psychologique prévoyez-vous vivre?
- Cet exercice procure une excellente perspective sur le deuil d'un être cher, décrit comme une blessure ou une « petite mort ». Il permet de découvrir le deuil d'une façon différente.

HUITIÈME ÉTAPE : L'HÉRITAGE

Lors de ton passage sur terre,
il perdurera de toi :
ton accueil cordial,
la finesse de ton écoute,
le parfum de ta présence,
la tendresse de ton regard,
les liens d'amour que tu as tissés,
la délicatesse dans tes rapports,
ta générosité notoire.
Je suis heureux de t'avoir aimé.

Jean Monbourquette

De nombreux auteurs, dans leurs écrits sur le deuil, affirment sans réserve qu'un deuil ne se résout jamais. S'ils veulent signifier qu'un deuil ne s'oublie pas, nous sommes totalement en accord avec eux, et nous allons même encore plus loin : les deuilleurs ne devraient jamais oublier l'un des leurs. Cependant, certains auteurs prétendent qu'un état de douleur persiste et continue toujours de tourmenter l'endeuillé. Nous ne sommes pas du tout d'accord avec cette affirmation.

Il existe en effet un terme au deuil : il s'agit de l'héritage. Nous croyons même qu'un deuil bien fait, soigné et terminé offre une occasion de croissance et même d'acquérir une maturité plus grande. L'expérience d'un deuil bien vécu devient une source de sagesse s'ouvrant sur une compréhension plus généreuse de la vie et de la mort.

L'étape de l'héritage psychologique et spirituel signale la fin du deuil tout en le complétant. Malgré l'ignorance généralisée sur cette ultime étape, l'héritage vient enrichir la personnalité du deuilleur. Elle lui permet de récolter tout ce qu'il avait cultivé et nourri chez le défunt sous forme d'amour et d'attentes positives.

Nous sommes convaincus d'avoir fourni un apport original au processus du deuil en créant cette dernière étape. À cet effet, nous avons mis à profit la notion de projection, telle que décrite par Carl Jung et ses disciples. Conscients des proportions que prendrait une étude complète de la projection psychologique, nous nous limiterons ici à la projection selon l'école jungienne : « Jung présente la projection comme un transfert inconscient, c'est-à-dire non perçu et involontaire, d'éléments psychiques subjectifs sur une personne, un animal ou un objet extérieur » (von Franz 1987 : 15).

Une personne objet d'une projection sert donc de « support symbolique » à celui qui la fait. La personne cible d'une projection est donc investie d'une énergie psychique spéciale ; cela fait d'elle un objet de fascination aux yeux du « projecteur ». À une jeune fille amoureuse de sa patronne, nous avons demandé : « Qu'est-ce que cette femme représentait pour toi ? » Elle a répondu : « Ma mère, ma sœur, ma fille et mon Dieu ! » C'était là une énorme projection, si puissante qu'elle était devenue un facteur vigoureux d'identification.

L'amour-passion et l'amour-affection se construisent à base de projections sur l'être aimé. Lors d'une projection sur quelqu'un, on lui attribue des qualités, des défauts, des émotions et des sentiments, des attitudes, des intentions qui ne lui appartiennent pas vraiment en réalité. C'est le phénomène d'idéalisation dans les relations humaines. Si la personne aimée d'une façon fusionnelle décède, le « projecteur » vit une profonde douleur, car en perdant l'être cher, il perd du même coup son « support symbolique ». La personne en deuil prend alors conscience d'avoir perdu l'assise de ses projections.

Au lieu d'affronter le deuil, qui se présente comme une démarche douloureuse et pénible, ces endeuillés cherchent quelqu'un qui pourrait remplacer la personne disparue. Ils recherchent un nouveau support symbolique pour soutenir leurs projections. Nous l'avons vu, il arrive souvent qu'un homme divorcé ou séparé essaie de trouver une nouvelle compagne pour soulager son affliction. Le même phénomène se produit à l'occasion de la mort d'un être cher. Si l'on ne fait pas son deuil correctement, on aura tendance à rechercher de pareilles substitutions.

La prise de possession de son héritage

L'héritage psychospirituel tel que nous le concevons consiste à se réapproprier tous les rêves (les projections) dont on entourait l'être aimé. Il vise à reprendre à son propre compte toute l'admiration, l'appréciation et l'amour investis chez l'autre au cours de la relation fusionnelle. La personne en deuil a toutes les chances de s'approprier, pour sa croissance personnelle, les qualités, les talents et les idéaux que l'autre possédait. À la condition, bien sûr, de consentir au départ définitif de l'être aimé. Grâce à l'héritage, la personne se trouve enrichie, gratifiée et comblée d'une nouvelle présence de l'être aimé décédé, non pas à l'extérieur de soi, mais à l'intérieur.

Plusieurs endeuillés ne connaissent pas l'étape de l'héritage et laissent s'envoler la richesse psychospirituelle du vécu de leur défunt. Il arrive bien sûr que les valeurs se transmettent d'une génération à une autre sans qu'on en soit conscient. Bon nombre d'endeuillés acquièrent même des goûts et intérêts nouveaux à la suite de la disparition de la personne aimée : un tel qui n'appréciait guère les arts est devenu, après le décès de son épouse, un esthète averti ; une femme qui n'appréciait pas particulièrement la nature est devenue une écologue informée après la mort de son conjoint ; à la mort de son épouse, un homme s'est épris du jardinage, comme elle ; un autre rassemblait la famille autour d'un bon repas qu'il avait lui-même préparé avec des recettes de son épouse décédée. Malheureusement, la plupart des gens ne profitent pas des qualités, des centres d'intérêt, des valeurs morales, des qualités humaines et spirituelles qu'ils avaient pourtant connues et admirées chez leurs proches.

Les résistances

Certains endeuillés craignent d'enlever quelque chose au défunt en reprenant leur héritage. Qu'ils soient rassurés : le partage des qualités psychologiques et spirituelles, loin d'appauvrir, enrichit. Les héritiers potentiels doivent prendre conscience de leur investissement affectif, qui leur donne le droit d'accepter et de recevoir les qualités du défunt, ainsi que ses dons spirituels. Ils ne privent en rien le disparu. Au contraire, ils l'honorent !

Une veuve craignait d'être tellement changée en une autre personnalité en recueillant son héritage qu'elle s'arrêta au beau milieu du rituel pour exprimer ses appréhensions au groupe : « Allez-vous encore m'aimer si je deviens une grande oratrice, comme l'était mon mari ? » Tous les participants la réconfortèrent : « Nous allons t'aimer encore davantage si tu acceptes ton héritage, composé des merveilleux dons de ton époux. Va chercher tes cadeaux, tout cela t'appartient ! »

La résolution des résistances

L'entrée en possession de son héritage se présente comme l'ultime étape du deuil. À partir de notre expérience, nous avons conçu un rituel visant à aider les endeuillés à récupérer leur héritage psychologique et spirituel.

Voici les conditions essentielles pour accueillir son héritage.

Conditions pour réclamer son héritage

D'abord, il est important d'avoir laissé partir le défunt de sa vie et de lui avoir pardonné son départ ainsi que les fautes qu'il aurait pu commettre envers soi. L'accomplissement prématuré d'un rituel ne produira pas les fruits escomptés. Plusieurs personnes nous demandent s'ils peuvent accomplir le rituel seuls. La mise en place d'un rituel de l'héritage exige la présence d'au moins deux autres personnes, à savoir celle de l'animateur et d'un témoin. D'ailleurs, plus les témoins authentiques et responsables seront nombreux, plus le rituel sera un événement enrichissant et prometteur pour l'héritier.

Pour que le rituel de l'héritage produise tout son effet, l'héritier devra s'y engager tout entier, avec son corps, son âme, son conscient et son inconscient. Il est donc capital qu'il comporte une démarche physique, dans un décor qui touche les sens (musique, fleurs, chandelles). Nous doutons de l'efficacité d'un rituel faisant appel uniquement à l'imagination et à l'intelligence.

Le déroulement du rituel de l'héritage

Voici la démarche à suivre :

1. Quelques semaines avant le rituel, l'animateur du rituel demande au futur héritier d'identifier les qualités de la personne qui l'ont attiré. Puis, il l'invite à trouver des objets symboliques représentant ces mêmes qualités. Cet exercice d'incubation met en mouvement l'imagination créatrice. On évitera les photos qui rappelleraient trop l'absent.

2. L'animateur détermine la date et le lieu pour vivre le rituel, lieu qu'il aura pris soin de décorer. Il laisse au futur héritier le plaisir d'inviter des proches et des amis qui sont gagnés à l'idée de faire un rituel.

3. Au début de la cérémonie, après avoir expliqué le sens de ce qu'on s'apprête à vivre, le maître du rituel invite l'héritier à déposer les objets-symboles sur une table placée à cet effet et à présenter leur signification pour lui.

4. L'héritier présente le défunt, en le décrivant à travers les symboles ; puis l'animateur demande à l'héritier de se lever et de prendre possession d'un symbole (représentant par exemple une qualité) en prononçant les paroles suivantes : « La générosité (la qualité recherchée) que je t'ai prêtée pendant... (nommer la durée de la vie commune ou des amours) et que tu as enrichie de ta propre générosité, maintenant que tu es parti, je la reprends pour moi. »

5. Après avoir pris possession de cette qualité, l'héritier s'assoit. L'animateur l'invite à laisser la qualité pénétrer en lui disant : « Laisse s'intégrer en toi la générosité, ressens en toi-même les effets de cette générosité, entends-les en toi et vois-toi habité par cette générosité. »

Ici, il y a lieu de prévoir une période d'incubation de cette qualité allant de dix à vingt minutes.

6. La même démarche est reprise avec chacun des autres symboles.

7. Une fois la prise de possession terminée, les participants se placent autour des symboles. Selon la nature du groupe, certains participants manifestent leurs sentiments par un chant d'action de grâce ; d'autres expriment à l'héritier leurs impressions et leurs félicitations.

8. En terminant, l'animateur déclare officiellement la fin du deuil.

Rituel de désacralisation

Certains se demandent ce qu'ils doivent faire pour se débarrasser des défauts ou des fausses croyances inculqués par leurs parents. Nous leur décrivons le rituel de désacralisation élaboré par une jeune femme soucieuse de se libérer de l'influence nocive de son père. Ce rituel a pour effet d'éliminer le sort maléfique.

Durant ses délires, un père de famille alcoolique reprochait à sa fille d'avoir, à sa naissance, causé la mort de sa mère. Elle devait donc expier sa présumée faute toute sa vie. La fille a fort probablement accepté, au début, cette croyance mensongère, convaincue qu'elle se devait de réparer cette faute. Son entrée dans la vie religieuse à un jeune âge n'a-t-il pas servi de repentir à sa faute imaginaire? Toutefois, après des études en psychologie, elle comprit qu'elle n'était nullement responsable de la mort de sa mère. Elle voulut se débarrasser de ce poids psychologique qu'elle avait traîné toute sa vie. Pour y arriver, elle invita ses amis et ses proches à assister à son rituel de désacralisation.

Avec une corde, elle se fit attacher les pieds, les jambes, les bras, les mains et la taille à une chaise. Puis, équipée d'une paire de ciseaux, elle coupa tous les liens un par un, en prenant bien son temps. Elle répétait à son père : « Je sais que c'est une fausseté de me tenir coupable de la mort de ma mère, comme tu as voulu me le laisser croire depuis mon enfance. Je vais me libérer une fois pour toutes des mensonges que tu m'as racontés. » Cette religieuse toute menue découpa lentement ses liens avec les ciseaux. À la fin du rituel, tous les invités entourèrent affectueusement leur compagne et la félicitèrent chaleureusement.

Déclaration officielle de la fin du deuil

Le rituel de l'héritage se termine d'ordinaire avec la déclaration officielle de la fin du deuil. Dans le passé, des signes distinctifs, comme porter des vêtements de diverses couleurs, servaient à marquer l'évolution d'un deuil et à en signifier la fin. Dans la société actuelle, on ne sait plus trop à quel moment le deuil se termine. Or, il est important que la fin de cette période soit honorée d'une approbation sociale. Nous avons pu observer l'immense soulagement qu'éprouvent les endeuillés à se faire dire par l'animateur du groupe ou par une personne importante à leurs yeux : « Avec la prise de possession de votre héritage spirituel, considérez que votre deuil est bel et bien terminé. »

À la fin d'une session sur le deuil, un jeune avocat, en deuil de son épouse, a déclaré : « J'ai passé cette fin de semaine sans pleurer. » Il était fier d'avoir réussi à ne pas flancher, mais au moment où nous lui avons déclaré que son deuil était bien fini, il se plia en deux et éclata en larmes tellement il était soulagé que le deuil ait une fin.

CHAPITRE 4

Les facteurs influençant l'évolution d'un deuil

Il était mon Nord, mon Sud, mon Est, mon Ouest,
ma semaine de travail, mon dimanche de sieste,
mon midi, mon minuit, ma parole, ma chanson.
Je croyais que l'amour jamais ne finirait : j'avais tort.

Wystan Hugh Auden

Qui est décédé ?

Est-ce un parent ? Un enfant ? Un proche de la famille ? Un ami très cher ? Un ennemi ? Un patron ? Une personnalité publique débonnaire ou tyrannique ? Un animal de compagnie ?

La nature et l'intensité d'un deuil dépendent de la qualité des liens tissés avec l'être décédé. Nous distinguons deux principales formes d'attachement : l'attachement par amitié et l'attachement par fusion. Le premier type de lien se fonde sur des valeurs, des aspirations et des intérêts communs. Les amis ont une relation d'interdépendance. En revanche, l'attachement par fusion unit les personnes dans une dépendance mutuelle, qu'on nomme aussi « attachement symbiotique ou parasitaire ». Les personnes ainsi dépendantes essaient de combler leurs lacunes et déficiences à même les qualités et les ressources perçues chez l'être aimé.

Elles donnent l'impression d'être incapables de vivre sans l'autre, qu'il soit un enfant, un parent ou un amoureux.

La relation d'amitié

Examinons d'abord le cas du deuil d'un ami. Une relation d'amitié saine est caractérisée par le fait qu'elle lie deux personnes autonomes et indépendantes. L'amitié se nourrit d'admiration, d'appréciation mutuelle, de valeurs et de goûts communs. Chez les vrais amis, on constate très peu de projections de l'un sur l'autre ou d'attentes de l'un envers l'autre.

Sur ce plan, l'amitié se différencie grandement de l'amour fusionnel. Elle repose sur des similitudes, alors que l'amour fusionnel est fondé sur des lacunes et des projections respectives. C'est pourquoi, à la mort d'un ami avec lequel il entretenait un lien de saine amitié, le survivant éprouve certes de la tristesse et du chagrin, mais il ne se sent pas bouleversé jusqu'au fond de lui-même au point de désirer suivre l'autre dans la mort.

Toute douloureuse qu'elle soit, la mort d'un ami ne revêt habituellement pas la même intensité que celle d'un enfant, d'un parent ou d'un amoureux. La perte d'un ami n'engendre pas le même déchirement affectif que celui d'un être cher aimé d'affection et de passion.

La relation fusionnelle

La séparation définitive de ceux qui entretiennent entre eux une relation symbiotique est plus vivement ressentie et plus souffrante. La perte d'un parent, d'un enfant, d'un frère, d'une sœur ou d'un amoureux avec qui on entretient une relation fusionnelle est plus tragique que le décès d'un ami. On peut la comparer à une hémorragie. Lors d'un deuil, les personnes fusionnées n'en finissent plus de souffrir de la perte de l'autre.

La relation parent-enfant

Dans une famille, dès l'arrivée du bébé, parents et enfants vivent une forme de dépendance mutuelle, et ce, jusqu'à la maturité. Il est alors normal que, devenus plus autonomes, les enfants apprennent à se débrouiller seuls et à exercer leur autonomie. Parfois, cependant, la relation fusionnelle première entre l'enfant et le parent perdure, jusqu'à en devenir pathologique. Sous la domination d'un ou des deux parents, le jeune n'acquiert que péniblement son autonomie et son esprit d'initiative. Peu à peu, il vainc son angoisse de la séparation éventuelle et il grandit dans son autonomie, souvent au grand dam de ses parents.

La relation entre conjoints

Chez les amoureux, une relation fusionnelle se crée aussi, du moins aux premiers temps de leur amour. L'homme aura souvent tendance à choisir une conjointe ressemblant à sa mère et la femme, un conjoint à l'image de son père. Leur attachement mutuel ne relève pas seulement des premières affections connues dans leur famille, mais de tout un ensemble de projections mutuelles de qualités et de traits de caractère. Les amoureux espèrent, d'une façon illusoire, pouvoir combler leurs propres lacunes psychologiques à même les qualités perçues chez le conjoint et celles projetées sur lui.

En vérité, certains conjoints ne s'unissent pas à une personne réelle, mais bien à l'image idéale qu'ils s'en font. L'amour fusionnel et passionnel crée l'illusion de détenir et de posséder le conjoint ou la conjointe. L'un ou l'autre des amoureux estime que son conjoint n'est que la continuation de lui-même. Un autre phénomène de l'amour fusionnel advient quand les amoureux sont enclins à idéaliser l'autre, voire à le nimber d'une auréole de dieu ou de déesse. L'idéalisation investit la personne aimée de qualités qu'elle ne possède pas vraiment en réalité. Par contre, au bout de quelques mois de fréquentation ou de cohabitation, les nouveaux amoureux se sentent déçus et frustrés de la conduite de l'autre. En effet, on prend conscience que le partenaire ne correspond plus à ses rêves ; on vit une grande déception ; il est fort possible qu'on en vienne à diaboliser l'autre. Il n'existe guère de zone grise en la matière : la perception est ou bien positive ou bien négative, selon qu'elle correspond ou non à nos attentes.

Une fois libérés de leurs illusions, les amoureux doivent affronter la dure réalité. Chacun des conjoints découvre que l'autre semble être devenu un étranger. L'histoire, le caractère, les qualités et les défauts de l'autre se révèlent bien différents de ce que le partenaire s'était imaginé. Le défi consiste à reconnaître l'autre pour ce qu'il est et à l'aimer tel qu'il est en réalité avec ses qualités, ses attitudes, ses défauts et son histoire. Par malheur, certains couples ne font jamais ce passage à la réalité et continuent de vivre leur relation sous le mode fusionnel, à savoir dans un monde de rêves. Lors du décès de l'un deux, l'endeuillé se sent « amputé » d'une partie de lui-même. « J'ai perdu ma moitié », dira une femme dévastée par la mort de son conjoint. Elle a la sensation d'éprouver une sorte d'« hémorragie » de ses énergies psychiques. Elle se sent déprimée et abattue, comme si elle avait elle-même subi la mort.

Lorsque les personnes vivent une relation fusionnelle, la résolution du deuil est souvent très pénible. Il arrive parfois, nous l'avons vu, que la personne en deuil vive des symptômes identiques à ceux dont a souffert l'être aimé décédé et souhaite le rejoindre dans la mort.

Pour évaluer la nature et la gravité d'un deuil affligeant une personne, il suffit de lui poser les questions suivantes :

- « Qu'est-ce que l'être aimé représentait pour toi? »

- « Qu'est-ce que tu lui as sacrifié de toi-même, par exemple en matière de temps, d'énergie, de rêves, de projets, etc.? »

- « De quelle auréole l'as-tu entouré? »

Il est parfois très difficile de percevoir la gravité de la perte chez une personne en deuil. L'intensité de la perte ne s'évalue pas en fonction de la valeur objective de la personne décédée, mais en fonction de la valeur subjective que l'endeuillé projette sur l'être aimé perdu. Certains enfants sont davantage peinés par la mort de leur chat ou de leur chien que par celle d'un grand-père ou d'une grand-mère. L'investissement d'eux-mêmes dans leur animal de compagnie s'avérait plus profond et intense que leur attachement à leur grand-père ou à leur grand-mère. On pourrait donc affirmer que « faire un deuil » consiste moins à laisser partir la personne, l'animal ou la chose aimée qu'à abandonner tous les rêves, les désirs, les fantasmes dans lesquels on l'avait, consciemment ou non, enfermé.

Objet primaire et objet secondaire du deuil

Il importe de bien distinguer l'objet primaire du deuil, à savoir l'être perdu pour sa valeur objective, des objets secondaires, c'est-à-dire les pertes reliées à la disparition de l'objet primaire. Exemple : une femme qui perd son mari (objet primaire) peut se voir, du même coup, privée d'un confident, d'un pourvoyeur, d'un amoureux, d'un gérant d'affaires, d'un protecteur, etc. (objets secondaires). Or, les objets secondaires revêtent parfois une importance subjective beaucoup plus grande que l'objet primaire.

Voici une autre illustration de ce phénomène. Quand nous avons demandé à une jeune femme, éplorée par la mort de sa mère, ce que celle-ci représentait pour elle, elle nous a répondu, entre deux sanglots, que sa mère était la gardienne de ses trois enfants. Certes, cette femme aimait beaucoup sa mère, mais elle semblait l'apprécier davantage comme gardienne de ses enfants : la disponibilité de sa mère permettait à cette jeune maman d'aller travailler l'esprit tranquille et sans sentiment de culpabilité.

Comment est-il mort ?

D'une longue maladie

La nature d'un deuil peut être énormément influencée par la façon dont une personne décède. Si elle meurt après une longue maladie, elle aura souvent eu l'occasion de terminer les dialogues en suspens, de demander pardon et de faire ses adieux. Mais il arrive aussi que les aidants naturels se soient épuisés auprès d'un proche qui tarde à mourir.

L'anecdote suivante l'illustre bien : une femme s'était occupée de sa mère mourante pendant huit mois. À la mort de celle-ci, la femme était épuisée. Curieusement, elle se reprochait constamment de ne pas avoir assez pris soin de sa mère. Sa culpabilité se révélait même obsessionnelle ; elle cachait son agressivité sous forme de culpabilité contre elle-même, car sa mère s'était montrée ingrate et jamais satisfaite des soins prodigués. Lorsqu'elle a pu exprimer sa colère contre sa mère, sa culpabilité obsessive s'est dissipée.

D'un accident

Une mort accidentelle ne donne pas le temps aux endeuillés de parler avec l'être cher pour régler toutes les questions restées en suspens. La soudaineté et le manque d'anticipation de l'événement mortel créent souvent un traumatisme chez les proches. De plus, la façon dont la mauvaise nouvelle est annoncée peut faire une grande différence.

Souvent, le traumatisme des endeuillés s'aggrave s'ils ont été témoins du drame. Chaque aspect de l'accident multiplie les effets du traumatisme sur les deuilleurs : la surprise, de la malchance, la violence, la mutilation, l'état du corps, etc. Dans le cas d'un meurtre de l'être aimé, le deuilleur peut avoir l'impression de mourir avec lui et il pourra développer une peur phobique de subir le même sort. En voici un exemple : une grand-mère avait raconté à sa petite-fille de huit ans le crime horrible dont son époux avait été victime ; celui-ci avait été poignardé à plusieurs reprises dans le dos dans un stationnement souterrain. À la suite de ce récit macabre, la jeune fille, maintenant âgée de 17 ans, avait développé une phobie. Elle ne s'aventurait jamais dans des stationnements souterrains. De plus, si elle se sentait suivie par un homme dans la rue, elle s'enfuyait et se réfugiait dans un magasin.

Dans le trauma, suivi de la sidération, l'endeuillé est submergé par une mémoire rapide et vive de l'accident, mais spontanément le choc efface tout souvenir du malheur. Le travail thérapeutique du deuil consiste alors à retrouver ce souvenir enfoui dans l'inconscient pour le confronter à la réalité et, surtout, pour pouvoir en parler. Il est capital d'interroger la victime ou le témoin d'un accident dès que possible après la tragédie afin de conserver la mémoire de l'événement avant qu'elle tombe dans la sidération.

Par ailleurs, si le corps de la victime est trop endommagé pour être exposé, le deuil peut se bloquer. Lors d'un accident de la route, un thanatologue n'avait pas pu exposer le corps de la victime tellement il était déchiqueté ; il l'a donc entièrement recouvert d'un drap blanc, à l'exception d'un bras qui était resté intact et palpable. Il invita les endeuillés à toucher le membre du défunt. Ce geste a permis aux deuilleurs de constater la mort de leur proche et, ainsi, de progresser dans leur deuil.

L'habitude d'une famille à faire ses deuils

Comment la famille réagit-elle au décès de l'un des siens ? Chaque famille développe un code de conduite, fait de permissions et d'interdits ; elle adopte diverses règles à l'égard de l'éducation, de l'argent, de la sexualité, des étrangers, de l'autorité, etc. Assurément, toutes les familles cultivent leur propre façon de faire à l'égard de la mort et de la façon de vivre un deuil.

Certaines familles vivent leur deuil dans la honte. Elles se sentent coupables, par exemple, de n'avoir pas pu sauver l'un des leurs. D'autres font leur deuil en silence, prétextant ne pas vouloir affliger les autres membres de la famille en parlant du défunt. Un silence lourd règne dans ces familles. Si quelqu'un essaie de rappeler quelque souvenir du défunt, il se fait poliment rabrouer. Rappelons ici l'importance de groupes d'entraide du deuil. Ces groupes deviennent des lieux de parole indispensables. À la suite du décès d'un proche, chaque participant peut s'exprimer sans censurer sa vie émotionnelle.

Une femme se plaignait que ses trois fils refusaient de parler de la mort de leur père. Elle avait essayé d'aborder avec eux le drame qu'ils venaient de vivre, mais elle avait été reçue par un silence désapprobateur. Elle finit par comprendre que ses fils étaient incapables de supporter ses larmes. En fait, ils se protégeaient mutuellement par leur silence pesant.

Toutes les nations au monde ont élaboré des façons de se « soigner » lors du décès d'un proche. Par exemple, il est devenu presque légendaire que les Irlandais arrosent bien leurs veillées mortuaires. Ils font la fête en l'honneur du mort, s'amusent et vont jusqu'à danser auprès du corps exposé.

Une jeune femme juive était hantée par un rituel funéraire lié à sa tradition : les survivantes avaient l'habitude de se réunir pour préparer le corps à son exposition. Toute bouleversée par les nombreuses cicatrices que cette jeune femme a vues sur le ventre de sa mère lors de ce rituel, elle a dû entreprendre une thérapie pour enlever ces images terrifiantes incrustées dans sa mémoire. Comme nous l'avons mentionné, certains rituels n'ont rien d'aidant et de libérant. Au contraire, ils nuisent à l'évolution du deuil.

Certaines familles font leur deuil avec résilience. Affectées par la mort d'un des leurs, elles absorbent le choc de l'événement traumatique et s'efforcent de faire le deuil, tout en évitant les états dépressifs profonds. Cette résilience est rendue possible par la réflexion spirituelle, la narration répétitive des événements entourant la mort de l'être cher et un encadrement social qui offre sympathie, soutien et compassion.

Quelles sont les ressources sociales aidantes ?

Les familles qui s'en sortent le mieux sont celles qui sont entourées d'un réseau de personnes compatissantes. Durant le choc et le déni, par exemple, des proches et des connaissances apportent de la nourriture aux membres d'une famille endeuillée pour leur éviter de préparer des repas. Des amis proposent de garder les enfants, afin de laisser aux parents un temps de repos ; d'autres s'emploient à couper le gazon, à sortir les poubelles, etc. Les plus intimes s'occupent des questions d'argent, voire des arrangements funéraires. Ces gestes envoient des messages signifiants aux endeuillés : « Prenez le temps de faire votre deuil ; acceptez nos dons, laissez-nous vous soutenir, soyez un peu comme des enfants qui ont besoin d'aide. Profitez de ce moment de répit pour pleurer votre défunt. »

Nous l'avons déjà dit et nous le répétons : le besoin le plus pressant pour une personne endeuillée est de raconter l'expérience de la mort de l'être aimé. Elle a alors le temps d'éprouver et d'exprimer ses émotions et sentiments. Ainsi, les voisins et les amis deviennent des aidants efficaces, beaucoup plus que les membres de la famille.

Nous recommandons sans hésiter à toute personne endeuillée de solliciter les services d'un groupe d'entraide en matière de deuil.

« Le temps répare les souffrances »

Combien de fois avons-nous entendu : « Le temps arrange les choses. » Ce n'est pas le temps en lui-même qui arrange tout, mais plutôt le bon usage qu'on en fait.

Certains deuilleurs sont hantés par la pensée de leur cher défunt et, au début, ils célèbrent l'anniversaire de sa mort toutes les semaines, tous les mois. Nous avons rencontré une femme en deuil de son ami très cher ; en nous quittant, elle nous a crié d'une voix chagrinée : « Ça va faire trois mois qu'il est parti ! » Elle vivait en permanence avec lui, comptant chaque heure, chaque jour depuis sont décès.

À quel rythme la personne pense-t-elle à son cher défunt? À toutes les dix minutes? À toutes les demi-heures? À toutes les heures? Une seule fois durant la journée? À quel moment? Seulement à son anniversaire? Si la personne pense à l'être cher à de plus grands intervalles, c'est signe qu'elle progresse dans la résolution de son deuil, que sa mémoire commence à se détendre et à dégeler.

Peu à peu, elle remarquera des indices d'amélioration. Par exemple, il lui paraîtra un peu plus facile de se lever le matin, elle mettra en place une routine et constatera chaque jour un petit regain d'énergie. Elle commencera alors à réorganiser sa vie en tenant compte de l'absence de l'être cher.

Quand la pensée de l'être aimé défunt devient obsessionnelle, un accompagnateur conseille de dire d'une voix douce : « ———- (nom de l'être cher décédé), cesse de me déranger! Je penserai à toi plus tard. » La liturgie funéraire répète : « Qu'il repose en paix! »

Les événements spéciaux

Chaque anniversaire de la mort d'un proche s'avère un temps difficile pour les deuilleurs ; ils sont troublés par des cascades de souvenirs. Certains s'inquiètent d'avoir à ce point régressé dans leur deuil. Mais le lendemain de l'anniversaire, ils ont retrouvé leur sérénité d'autrefois.

À l'approche des fêtes de Noël et de Pâques, par exemple, il faut s'attendre à une remontée de la tristesse. Lorsqu'un temps de réjouissance arrive, certains conseillers du deuil proposent aux familles de sortir les albums de famille et de s'arrêter aux photos de l'être aimé décédé. Elles pourront ainsi liquider un trop-plein de peine. Cela étant fait, les familles peuvent retrouver leur joie et l'allégresse d'antan. D'autres conseillers recommandent de choisir un temps, de préférence au début des célébrations familiales, pour avoir une pensée ou une prière pour l'absent. Des familles vont jusqu'à préparer un sanctuaire tapissé de photos du disparu. Les invités qui le désirent peuvent s'arrêter devant ce lieu pour vivre un moment d'intériorité. Ils rejoignent ensuite les autres personnes pour la fête.

On nous demande souvent quelle période de temps il est recommandé d'allouer à un deuil. En fait, tout dépend de l'ensemble des facteurs que nous venons de décrire. Si le deuilleur est bien entouré, s'il jouit d'une maturité affective et de ressources sociales aidantes, la traversée du deuil ne devrait pas s'étendre sur plus d'une année ou deux.

CHAPITRE 5

Les deuils compliqués

Les deuils périnataux

Examinons tout d'abord les deuils périnataux, à la suite de fausses couches ou d'avortements. Quand une femme s'aperçoit qu'elle est enceinte, son système physiologique la prépare à devenir mère. Combien de femmes désireuses d'avoir un enfant assistent impuissantes à une fausse-couche! Elles en parlent peu, et parfois même pas du tout, à leur conjoint. Elles tiennent secret cet « accident », alors même que leur féminité a été touchée, voire bouleversée. Pas surprenant que ces femmes développent des états dépressifs à la suite de cette grossesse inachevée!

Parmi les femmes qui ont subi un avortement volontaire, nombreuses sont celles qui se taisent. Un avortement médical involontaire est mieux accepté par le groupe social. L'interruption volontaire de grossesse (IVG) comporte une forme de stigmatisation sociale. De plus, l'affaire se complique davantage si le médecin ou l'infirmière dit à la femme que c'est bien fini et qu'elle ne devrait en parler à personne. Une femme nous confiait qu'une infirmière lui avait dit : « On vous a seulement enlevé un petit morceau de chair... » Les phrases de ce genre sont à bannir du vocabulaire du corps médical.

Notre expérience nous a appris que certaines femmes sont plus sensibles et plus maternelles que d'autres et réagissent plus fortement dans le cas d'un avortement. Elles ont besoin de se confier à une « grande oreille ». Nous avons aussi constaté que nos clientes ayant subi un avortement entretenaient une vision plutôt pessimiste de la vie et du monde en général.

Il ne faudrait pas passer sous silence la détresse de certains pères qui apprennent par leur conjointe la nouvelle d'un avortement pratiqué à leur insu, sans leur consentement. Nous avons assisté à la confusion et à la colère d'un homme qui venait d'apprendre que sa conjointe s'était fait avorter sans même le consulter. Il criait sa peine et sa rage : « Elle a tué mon enfant ! » Un autre se permettait la déclaration suivante : « Je ne lui pardonnerai jamais d'avoir fait disparaître mon enfant ! »

Le deuil et les enfants

Les enfants ne font pas leur deuil comme les adultes. Ils sont incapables de soutenir très longtemps une émotion ou un sentiment. Ils cherchent à se distraire d'une émotion trop lourde, comme la tristesse et la culpabilité. Mais tout à coup, à l'improviste, ils parlent de la mort ou interrogent un adulte. Les parents avertis sont à l'écoute de ces moments où les enfants ouvrent le dialogue sur le deuil. S'il est bien de donner une réponse à leurs questions, il est encore mieux de les interroger pour savoir comment ils vivent leur deuil. On peut reformuler leur question, par exemple : « Tu me demandes où est ta tante. Qu'en penses-tu, toi ? »

Bien des enfants ne peuvent vivre leur deuil. Sous prétexte de les protéger de toute souffrance, leurs familles les tiennent à l'écart de tout ce qui concerne la mort, au lieu d'en profiter pour les éduquer. Il serait si facile de leur faire prendre conscience de la mort au moment d'un décès, selon leur degré de maturité. Souvent, la mort d'un animal de compagnie fournit l'occasion idéale d'en parler. Pour un enfant, l'éducation à la mort est aussi essentielle que l'éducation sexuelle. Il est capital qu'ils aillent visiter au salon funéraire un proche décédé, sans jamais bien sûr les y forcer. Les parents accompagnent les enfants et se préparent à répondre à leurs questions. Arrivés sur place, les enfants peuvent observer la dépouille mortelle immobile, la toucher même, pour bien réaliser ce qu'est un mort.

Nous avons été heureux de constater que certains salons funéraires ont prévu des espaces de jeu destinés à occuper les enfants. Ceux-ci oublient un moment le mort, puis ils y repensent. C'est le moment de faire des dessins qu'ils exposent en les collant au cercueil.

Les enfants adoptés

Les enfants adoptés ont eux aussi un deuil à faire. On doit leur dire la vérité sur leurs origines. Une jeune femme enceinte était allée consulter un conseiller. Celui-ci lui avait dit : « Ne donne pas ton enfant à naître, mais choisis-lui des parents adoptifs. » C'est ce qu'elle a fait. Elle a « adopté » un couple dont la femme était chinoise comme elle, afin que son bébé ait des parents qui lui ressemblent. La mère célibataire a enregistré une cassette pour son bébé, lui expliquant les circonstances de sa naissance et les raisons qui l'empêchaient de le garder.

Les parents qui adoptent dans d'autres pays doivent se montrer très attentifs aux questionnements de leur enfant. Ils doivent lui rappeler les coutumes et la culture de son pays d'origine, et en célébrer les fêtes traditionnelles. Certains vont jusqu'à costumer leur enfant avec des vêtements traditionnels de leur pays d'origine.

Les relations secrètes

Nous pensons à la tristesse et à la solitude des amants et des maîtresses qui ont entretenu, durant une partie de leur vie, des relations secrètes avec une personne décédée. À la mort de leur amoureux, ils vivent leur deuil seuls, sans bénéficier de l'aide de la communauté. Nous pensons aussi à ces personnes homosexuelles qui pendant toute leur vie ont caché leur orientation sexuelle et leurs relations. Aujourd'hui, peu d'homosexuels taisent leur homosexualité et leurs relations intimes, mais il arrive encore que certains se montrent très secrets sur leur vie privée.

Nous avons assisté à une veillée de prière à l'occasion du décès d'un prêtre. À la fin de la prière, une femme s'est levée, a donné un coup de poing sur le cercueil et a révélé sa relation cachée avec le prêtre : « C'était mon conjoint depuis dix ans ; je vous demande de m'aider à vivre mon deuil ! » Un silence gêné a parcouru l'assemblée, composée surtout de religieux et de religieuses. Des femmes ont alors entouré l'endeuillée et lui ont manifesté leur sympathie.

Il existe certainement plusieurs autres catégories de personnes dont le deuil est tenu secret et s'avère donc plus difficile à vivre.

Le deuil d'une personne suicidée

Le suicide est un acte de violence radicale envers soi-même et envers les autres. Il affecte tout l'entourage : la famille nucléaire et élargie, les amis, les proches, les voisins, les collègues de travail, etc. Les deuilleurs se sentent honteux, voire coupables de n'être pas parvenus à sauver l'être cher du suicide. Même si la personne a laissé une note pour disculper ses proches, ceux-ci se posent quantité de questions pour tenter de comprendre cette action irrationnelle.

La société se montre aujourd'hui plus clémente à l'égard des personnes qui commettent le suicide, même si une certaine stigmatisation sociale subsiste encore. Les médias ont tendance à essayer de taire la nouvelle d'un suicide, pour éviter le phénomène d'imitation (en anglais *copycat*) au sein de la population.

Nous profitons de l'occasion pour dénoncer la naïveté de certains éducateurs qui font lire *Le Petit Prince*, d'Antoine de Saint-Exupéry, à des enfants et à des adolescents. Ils ne sont pas sans savoir que le Petit Prince, avec la complicité du serpent, s'enlève la vie pour aller rejoindre sa rose sur sa planète. Nous avons lu des notes laissées par des adolescents qui s'étaient suicidés, notes qu'ils avaient signées : « Le Petit Prince. » Ce geste du Petit Prince est communicatif. Il influence des adolescents à l'imiter. Cela est d'autant plus dangereux que l'ouvrage fut et demeure un succès littéraire inconstatable.

La reconnaissance des signes précurseurs du suicide

Les indications qui suivent sont inspirées du guide d'accompagnement *Un sentier d'espoir*, réalisé par l'Association québécoise de suicidologie.

D'abord, il y a les messages directs : « Je veux mourir » ; « J'ai peur de me suicider » ; « Ça ne vaut pas la peine de vivre » ; etc. Les tentatives ou les pensées suicidaires doivent être prises au sérieux. Il ne faut jamais répliquer en disant par exemple : « Vas-y, suicide-toi ! » Le suicidaire risquerait de passer à l'acte, et l'on pourrait se sentir coupable pour le reste de sa vie.

Des phrases ambiguës peuvent aussi annoncer un projet de suicide. « Je suis un fardeau pour vous, vous seriez bien mieux sans moi » ; « Bientôt, je vais (ou vous allez) avoir la paix » ; « Je pars

pour un long voyage »; « Des fois, j'aimerais mieux être mort »;
« Bientôt, je débarrasserai le plancher »; etc.

Certaines personnes développent un intérêt soudain pour des
choses morbides : les armes à feu, les cimetières, la réincarnation,
la vie après la mort, les sites Internet faisant la promotion du
suicide, etc.

Certains suicidaires semblent calmes et même paisibles dans leurs
préparatifs de départ. Ils ont enfin trouvé la solution à leur
angoisse perpétuelle. Ils distribuent leurs possessions, se réconci-
lient avec des membres de leur famille, rédigent leur testament,
mettent de l'ordre dans leurs papiers, etc.

D'autres manifestent des conduites particulières : ouverture ou fer-
meture soudaine aux autres, arrêt des études ou abandon d'un
emploi, achats extravagants, hyperactivité soudaine ou l'inverse, etc.

Cette liste de signes est loin d'être exhaustive. Pour prévenir le
suicide, il faut être vigilant, pour être en mesure de repérer toute
allusion morbide. Un jour de maladie, Jean avait le dégoût de son
existence; il partagea sa détresse à une infirmière. Peu après, il
reçut la visite de son médecin soignant, qui le questionna sur ses
idées suicidaires, lui demandant s'il avait planifié son suicide.
L'infirmière avait parlé. Il est primordial de ne jamais promettre
de garder le silence sur des confidences suicidaires.

Pour les proches des personnes qui menacent de se suicider, nous
avons trouvé une formule appropriée. Aux menaces de leur
proche, nous leur suggérons de répondre : « Moi, je ne veux pas
que tu te suicides. Mais si tu commets cet acte irréversible sur ta
personne, tu seras le seul responsable de ta mort. J'irai à tes funérailles, je ferai mon deuil et je continuerai ma vie que j'adore. »

Les causes probables de suicide

L'ignorance

Des enfants mettent fin à leurs jours, car ils ignorent que la mort est irréversible. Ils voient leurs héros se faire tuer à la télévision et ils les revoient dès le lendemain, plus vivants que jamais, dans un autre film. Il arrive même que des enfants, contrariés par leurs éducateurs, s'enlèvent la vie sur un coup de tête.

Il est extrêmement urgent d'éduquer les enfants sur la mort. Il faut leur parler de la mort, les emmener voir la dépouille mortelle d'un proche. Certaines écoles amènent les écoliers visiter des salons funéraires, où un thanatologue leur explique en quoi consistent sa profession et le traitement des défunts.

L'intimidation

Il ne faudrait pas négliger les enfants et les adolescents souffre-douleur, victimes dans leur école de sévices physiques et psychologiques. Ils sont rejetés pour des raisons banales, comme leur conduite étrange, leurs vêtements insolites, la couleur de leur peau, leur incompétence ou leur compétence scolaire, leur race, etc. Certaines victimes d'intimidation se suicident parce qu'elles veulent en finir avec l'isolement, les humiliations et même la violence physique. Dans certaines écoles, non seulement les élèves, mais certains professeurs eux-mêmes s'unissent aux *bullies* de la classe et harcèlent des élèves souffre-douleur. L'isolement, les moqueries méchantes, la violence physique, le taxage, etc., poussent des enfants au suicide ou à une révolte si féroce qu'ils vont parfois jusqu'à commettre des tueries spectaculaires dans leur l'école.

Mentionnons aussi les suicides camouflés d'adolescents et de jeunes adultes. Souvent, ceux-ci dissimulent leurs projets suicidaires en pratiquant des activités fort dangereuses : sports extrêmes, *saut à l'élastique*, courses de rue en voiture, « surf de voiture », etc.

Un idéal trop élevé

Certains des suicides chez les jeunes sont causés par un idéal trop élevé. Ceux-ci se découragent de ne pas pouvoir atteindre la perfection en tout. Ils sont d'ordinaire très intelligents et ne parviennent pas à se dépasser. C'est le drame du dieu Icare qui désirait rejoindre le soleil, malgré l'avertissement de son père Dédale. La chaleur faisant fondre les attaches de cire de ses ailes, Icare fit une chute fatale. C'est là le prototype des « éternels enfants » qui visent les sommets spirituels trop élevés et finissent par se casser la figure.

D'autres personnes entretiennent des idées suicidaires, car elles ont perdu le sens à leur vie et se croient sans avenir. Après une faillite, un congédiement, une catastrophe, le décès d'une personne importante, une humiliation, un chagrin d'amour, un divorce, etc., elles se sentent incapables de supporter plus longtemps pareille détresse et humiliation.

Le suicide des aînés

On note une recrudescence du suicide chez les aînés. Nombreux sont ceux qui vivent isolés, qui ne voient aucun avenir devant eux. Accablés de souffrances causées par le vieillissement, ils se sentent esseulés et ont l'impression d'être un fardeau pour leurs proches. Tous ces maux conduisent certains à s'enlever la vie.

Un médecin révélait récemment un pacte suicidaire conclu par un couple fatigué de souffrir de maux physiques et de handicaps liés à la vieillesse : les conjoints avaient décidé que leur vie n'avait plus de sens. Après avoir ingurgité de puissants sédatifs, le mari enfila un sac de plastique sur la tête de son épouse et il fit de même pour lui-même.

Le suicide institutionnalisé

Certains pays, comme la Suisse et la Belgique, ont institutionnalisé le suicide assisté. Il y a sans doute toute une procédure à suivre avant de passer à l'acte. Même dans nos hôpitaux canadiens, il existe une entente tacite entre soignants voulant que, lorsqu'un patient souffre trop, on lui administre une dose létale de morphine.

La résolution d'un deuil à la suite du suicide d'un proche

Quand on affectionne un enfant ou un conjoint, on développe la certitude que l'amour qu'on lui porte le protégera de tout danger, voire de la mort elle-même. On laisse croître en soi un tel sentiment de toute-puissance qu'on s'imagine mal que les êtres aimés puissent mourir.

Voilà pourquoi la première démarche à entreprendre auprès d'un endeuillé dont un proche s'est suicidé consiste à lui faire prendre conscience de son impuissance à sauver l'être aimé. Une mère qui venait de perdre son fils de 15 ans à la suite d'un suicide est venue nous voir en consultation. Elle s'accusait constamment de ne pas avoir fait ce qu'elle aurait dû pour protéger son garçon. « J'aurais dû l'envoyer chez un psychiatre au lieu d'un psycho-logue ! » Nous lui avons répliqué : « Pourquoi ne l'avez-vous pas fait ? » Elle nous a dit qu'elle ne savait pas que son fils allait s'enlever la vie. Puis, elle a recommencé à se culpabiliser : « J'aurais dû lire son journal intime. — Pourquoi ne l'avez-vous pas lu ? » Elle répétait qu'elle ne se doutait pas qu'il se suiciderait. Pendant toute la rencontre, nous avons joué à ce « jeu » du « J'aurais bien dû... » et du « Pourquoi ne l'avez-vous pas fait ? » Nous avons terminé la consultation en lui disant : « Depuis une heure, vous admettez votre ignorance et votre impuissance devant le suicide de votre fils ; nous vous donnons une tâche pour notre prochaine rencontre : celle de reconnaître votre impuissance à protéger votre enfant du suicide, malgré tout l'amour que vous lui portiez. »

La deuxième démarche pour résoudre un deuil par suicide se résume ainsi : faire exprimer la frustration et même la colère à l'égard du défunt qui s'est enlevé la vie. Nous avons invité cette cliente à parler à son fils comme si celui-ci était devant elle, lui suggérant d'exprimer sa culpabilité, son amour et sa colère, en lui faisant répéter plusieurs fois ces paroles : « Je me sens coupable de... » Après un moment, nous lui avons suggéré de dire : « Oui, je t'en veux... », puis « Oui, je t'aime parce que... » Ces trois émotions cohabitent et sont difficiles à exprimer en même temps et d'un même élan. Il faut les faire s'exprimer chacune à leur tour.

Si l'endeuillé parvient à dire à la fois sa frustration et son amour, l'autre tâche que nous lui suggérons est de respecter la décision de la personne qui a choisi le suicide. Nous lui disons : « Dans son état de souffrance, cette personne a pris la seule décision qu'elle croyait bonne pour elle à ce moment-là. Acceptez-vous cette affirmation ? » Si l'endeuillé est capable d'accueillir la décision du proche qui s'est suicidé, il aura presque réussi à traverser et à résoudre son deuil. La reconnaissance de son impuissance lui enlève son sentiment de culpabilité obsessive. Il prendra alors la mesure de ses limites existentielles, malgré le grand amour qu'il portait à l'être cher.

Le deuil d'une personne disparue

Lorsque la junte militaire chilienne a pris le pouvoir, les militaires ont fait une razzia parmi les gens censés avoir fomenté la révolution. Un grand nombre de ces « rebelles » se sont retrouvés en prison ou ont disparu sans laisser de traces. À l'occasion de conférences sur le deuil à Santiago, au Chili, plusieurs participants nous ont demandé comment faire le deuil d'une personne disparue.

Nous étions très sensibles à leur détresse et leur affliction, mais nous ne savions pas vraiment quoi leur répondre. Nous leur avons raconté l'histoire d'une mère qui avait perdu sa fille de 25 ans et n'avait jamais réussi à la retrouver. Un samedi soir, la jeune femme, qui vivait au nord de Montréal, avait téléphoné à sa mère pour lui dire qu'elle prenait le métro pour aller la rejoindre à Longueuil. Sa mère l'avait attendue toute la nuit, sans nouvelles d'elle. Les policiers avaient fait tout ce qu'ils pouvaient pour retrouver sa fille, mais sans succès. Après trois ans de vaines recherches, la mère a décidé que le temps de l'attente avait assez duré et que le moment était venu de faire son deuil et de l'affirmer.

Elle s'est résolue à accomplir un rituel. Elle a envoyé une carte à ses amis, leur annonçant que sa fille était bien décédée ce jour-là et les invitant à un rituel funéraire intime. Elle a loué un bateau pour naviguer avec eux sur le fleuve Saint-Laurent. Elle avait apporté la plus belle poupée de sa fille, entourée d'une couronne de fleurs. Une fois rendue au large, elle a jeté à l'eau la poupée ornée de fleurs et s'est mise à pleurer. Son deuil venait enfin de commencer.

Le cas des personnes voulant à leur tour mourir comme le défunt

Nos études sur le deuil nous ont permis d'observer le phénomène suivant : le désir de fusion ou d'identification à l'être cher tend à se perpétuer après la mort. C'est pourquoi il n'est pas rare de rencontrer des endeuillés enclins à vouloir mourir de la même façon que l'être aimé. Souvent, sans en être eux-mêmes atteints et sans en être conscients, ils présentent les symptômes de la maladie qui a emporté leur proche, comme s'ils se programmaient à mourir de la même façon que lui. Les spécialistes du deuil ont relevé de nombreux cas de ce genre. Par exemple, certaines personnes présentent des symptômes identiques à ceux des proches qui sont morts d'un cancer ou d'une crise cardiaque. D'autres restent hantés par des idées suicidaires ou des appréhensions à l'idée d'être victimes d'un accident.

Ces programmations se révèlent fréquentes chez des membres d'une même famille. Ceux-ci se montrent enclins à mourir de la même maladie que l'être cher décédé, comme si le sort s'acharnait sur eux. Déjà, Sigmund Freud, le fondateur de la psychanalyse, avait constaté que les survivants de la guerre éprouvaient une hantise à l'idée de mourir comme leurs proches disparus. Les observations contemporaines viennent appuyer la théorie d'une autoprogrammation à mourir de la même façon que l'être aimé.

Dans pareil cas, nous avons développé une thérapie du deuil très efficace. Nous demandons à l'endeuillé s'il est prêt à mourir comme l'être cher, mais d'une façon symbolique. Quand nous accompagnons ces personnes en deuil, il nous arrive de les inviter à simuler la mort de l'être cher. Dès le moment où ils consentent à « jouer » la mort de l'être cher, ils éprouvent, pendant quelques instants, les mêmes souffrances intenses et les mêmes émotions fortes que leur proche avant son décès. Ce mimétisme dans la mort est très puissant. Au moment de la mort symbolique, les endeuillés souffrent les affres de la mort et ont une puissante catharsis émotionnelle. Puis, après quelque temps, ils éprouvent un calme profond. Enfin, ils se sentent libérés de leur deuil accablant et ils retrouvent vite le désir de continuer à vivre. C'est le signe que l'acceptation de la mort de la personne aimée est bien amorcée.

Le deuil de l'enfant idéal

Un jeune père de famille se trouvait nettement mal à l'aise avec son nouveau-né. Il n'avait pas envie de prendre sa fille dans ses bras tant il était mal à l'aise en sa présence. Celle-ci était née avec un handicap, une malformation de la jambe droite. L'homme s'attendait à avoir un bébé sans défauts physiques et, en plus, il souhaitait avoir un garçon, pour pouvoir lui enseigner et pratiquer avec lui de nombreux sports. Pour ne pas faire de peine à sa femme, il cachait un fort sentiment de déception. Il est venu nous voir en thérapie pour que nous l'aidions à détecter le trouble qui le hantait. En thérapie, nous lui avons fait confronter l'image du bébé parfait qu'il s'était imaginé avec son bébé réel. Nous lui avons fait décrire l'enfant idéal dont il rêvait, puis la dure réalité de sa fille. Il s'est mis à pleurer à chaudes larmes. Il faisait le deuil de l'enfant idéal.

* * *

« Faire son deuil », aussi paradoxal que cela puisse paraître, c'est « mourir » aux liens qui nous attachent à l'être cher. Il est capital de souligner à l'endeuillé que la mort n'a pas le dernier mot. Une fois libéré des liens fusionnels maintenus avec le défunt, le deuilleur fait l'expérience de nouveaux liens avec l'être cher disparu. Finies la douleur de l'absence, les longues soirées de veille, les inquiétudes permanentes : l'endeuillé se sent habité d'une nouvelle présence de l'être perdu, d'une présence mystérieuse et douce, mais non moins réelle.

CHAPITRE 6

Créer des rituels personnalisés

Le rituel est le théâtre de l'âme.

Anonyme

Il n'est guère facile de créer de nouveaux rituels funéraires signifiants. On assiste, dans le domaine, à de nombreuses improvisations plus ou moins heureuses. Plusieurs endeuillés, thanatologues ou amis qui veulent bien faire organisent ou mettent ensemble des éléments à la hâte, en espérant aider à vivre l'événement. Souvent, ces rituels improvisés n'aident pas à donner un sens à la mort et un destin à l'âme du défunt. Les rituels religieux institutionnalisés accordaient plus d'espérance à l'au-delà. Ils affirmaient que la mort n'était qu'un passage obligé pour découvrir les promesses d'une autre vie : la rencontre avec Dieu, la vie éternelle, une infinie lumière, un repos sans souffrances, la réconciliation avec soi-même, les retrouvailles avec ses proches, etc. La création de rituels signifiants et efficaces exige plusieurs compétences : un savoir anthropologique, des notions de psychologie et un talent d'artiste, voire de metteur en scène.

Qu'est-ce qu'un rituel funéraire ?

Un rituel funéraire se décrit comme l'ensemble des règles et des rites entourant la sépulture d'un corps humain. C'est le théâtre de l'âme qui se détache progressivement d'une personne aimée pour se lier à elle dans une relation renouvelée. Un rituel funéraire débute au moment et au lieu de la mort et se poursuit jusqu'à l'inhumation du corps ou des cendres. Ainsi s'expriment les mouvements de l'âme sur le long chemin de la séparation de l'être aimé décédé.

Les objectifs du rituel funéraire

Le rite funéraire est organisé pour des motifs divers : favoriser le deuil des survivants, augmenter la socialisation de la communauté et, finalement, donner un sens de continuité à l'événement de la mort considérée comme un passage.

Les objectifs personnels

Le rituel funéraire stimule l'imagination créatrice en lui donnant la chance d'exprimer sa douleur par des gestes symboliques, dans un décor approprié. Il permet aussi d'explorer les ressources inconscientes sacrées de l'endeuillé. Enfin, il déclenche un dialogue avec les différentes parties de lui qui, en apparence, semblent s'opposer : retenir le défunt ou le laisser partir.

Les objectifs communautaires

Le rituel funéraire réaffirme l'appartenance du défunt à sa communauté en même temps qu'il représente la mort comme étant un lieu de la sociabilité des vivants et des morts. Il permet aux membres de la famille et aux proches de voir et de toucher l'être cher avant de le laisser partir d'une façon définitive. Les sens stimulés par la présence de la dépouille mortelle amènent une conscience plus aiguë que la personne est bel et bien morte.

Le rituel funéraire vise à honorer la mémoire de la personne décédée, à respecter ses dernières volontés et à remplir les devoirs cultuels requis par la culture.

Possession et dépossession

Le rite funéraire se vit en deux mouvements : la possession du corps et la dépossession. Entrer dans le deuil est un long processus qui ne s'accomplit pas d'un seul élan. Il faut se laisser du temps pour bien le faire, après les longues résistances au deuil.

Le rite funéraire réalise ce mouvement d'alternance entre l'appropriation du mort et sa désappropriation. Voici un tableau décrivant cette alternance.

L'appropriation	La désappropriation
Rester en présence du corps à l'hôpital	Voir le corps enlevé par l'entrepreneur de pompes funèbres
Reprise du corps embaumé et transformé	Fermeture du cercueil
Accompagnement du cercueil à l'église	Inhumation du corps au cimetière
Porter le corps à l'incinération et en recevoir les cendres	Remettre les cendres au cimetière ou au crématorium
Garder les cendres à la maison	Répandre les cendres dans le jardin des cendres
Présence des photos et des objets du défunt	Détachements des photos et des objets du défunt
Visites anniversaires au cimetière ou au columbarium	Reprise des tâches journalières, sans oublier le défunt, mais sans en être obsédé

Rajeunir les rituels institutionnalisés

À l'occasion de la mort de son fils, le grand poète américain Robert Bly disait, parlant de la cérémonie des funérailles, que l'Église avait conservé un langage liturgique irremplaçable, façonné par des siècles d'histoire. On peut regretter que les personnes en deuil délaissent les cérémonies officielles et les rites institués par les religions pour se tourner vers de brèves célébrations privées offertes sur le marché funéraire. Mais qu'est-ce qui nous empêche d'augmenter la participation des gens et de rajeunir les rituels courants par des ajouts signifiants?

Nous avons créé un rituel renouvelé dans le cadre de funérailles classiques à l'église. Nous souhaitions faire participer le plus possible les proches aux funérailles de la grand-mère. Nous avons invité les adultes à chanter; nous avons prié les adolescents de porter les cierges au cours de la procession d'entrée. La fille de la défunte a été chargée d'allumer le cierge pascal, tout en dévoilant le sens de ce geste, le reliant au baptême de sa mère. Des lecteurs avaient été choisis parmi les membres de la famille. Après son homélie, le prêtre a accueilli trois brefs témoignages décrivant les qualités de l'aïeule. Pour la procession au moment de l'offertoire, des enfants ont apporté des objets produits et fabriqués par leur grand-maman : des gilets de laine, une tourtière, des légumes de son jardin, de la confiture, etc. Tous ces objets étaient des fruits de l'inlassable générosité qui la caractérisait.

Au cours de la messe, nous avons exhorté les membres de la famille à échanger des gestes de pardon : c'était le désir le plus ardent de la grand-mère que la paix règne dans sa famille. Pour beaucoup de proches qui entretenaient encore du ressentiment les uns envers les autres, les gestes de réconciliation ont été vécus avec bienveillance et dans les larmes. À l'absoute, nous avons demandé aux plus âgés de la famille d'encenser le corps et de le bénir en l'aspergeant d'eau bénite.

Au sortir de l'église, plusieurs parmi les non-pratiquants étaient agréablement surpris et étonnés ; ils se demandaient depuis quand la liturgie des funérailles avait changé !

Des rituels personnalisés

Malgré leurs limites importantes, même les rituels malhabiles ou gauches ont l'avantage de réunir les parents et les proches, de contribuer à refaire entre eux le tissu communautaire. Certains se fabriquent un rituel avec des éléments de la fête : chandelles ou lampions, lectures sur le thème de la mort, chansons et musique préférées du défunt, témoignages sur sa vie, exposition d'objets qui lui étaient chers, gestes symboliques rappelant sa conduite, etc.

Depuis l'abandon progressif de la pratique religieuse, certains Québécois déclarés athées maintiennent une nostalgie des funérailles à l'église. Ils insistent sur la tenue de rituels personnalisés dans le lieu sacré qu'est l'église. Les autorités ecclésiastiques s'efforcent de satisfaire à leur requête en leur prêtant les églises comme lieux de rituel. Toutefois, elles peuvent difficilement empêcher les débordements parfois inévitables, contraires à un certain décorum. Par exemple, des personnes nous ont rapporté avoir assisté à des célébrations qui tournaient en farces grivoises, en rigolades vulgaires ou en discours politiques inopportuns.

Le parcours funéraire

Réduction du parcours funéraire

Depuis la crémation, le parcours funéraire est réduit dans certains cas à sa plus simple expression. Il se limite à un trajet entre l'hôpital ou la maison et le crématorium, à la remise des cendres. La courte durée de la destruction violente du corps n'a rien de comparable à la lente décomposition du corps lors de l'inhumation. Ce qui, dans bien des situations, empêche le déroulement normal du deuil.

Réduction du temps de deuil pour laisser partir

« Faire vite avec la mort, escamoter le mort, et donc la mort, en abrégeant au maximum les rites et en éliminant le temps du deuil, condamne les proches à l'isolement et à la douleur muette » (Poiré, 1999 ; 421). Les rituels nous invitent au contraire à entrer dans un temps psychique. Aujourd'hui, plusieurs familles refusent de consacrer temps et argent à des rites quels qu'ils soient, de peur d'augmenter la tristesse et de raviver la souffrance des personnes endeuillées.

Les communautés favorisent ainsi le déni du deuil. Elles suivent le rythme de la vie urbaine, souvent contraire au mouvement de l'âme. Les gens n'ont plus le temps de prendre le temps pour bien vivre la séparation et pour acquérir la sagesse de savoir mourir.

Le parcours funéraire et les rites funéraires possibles

Nombreuses sont les occasions de créer des rites funéraires personnalisés tout au long du parcours funéraire et même avant le décès, au cours des soins palliatifs, quand la personne meurt des suites d'une maladie. L'apprentissage du deuil s'accomplit tout au long de la phase terminale du malade. Dans le cadre de cet ouvrage, toutefois, nous nous en tiendrons au seul parcours funéraire.

À la maison ou à l'hôpital

Au moment de la mort

Au moment de la mort d'un être cher, plusieurs se sentent désemparés, ne sachant pas quoi faire. C'est un moment de sidération. D'autres prévoient ce moment-là : ils récitent des prières appropriées ; ils allument des chandelles ; ils apportent des fleurs ; certains revêtent même le défunt d'une tunique blanche. On nous a raconté qu'un homme voulait qu'au moment de sa mort ses survivants ouvrent une bouteille de champagne et prennent un verre en son honneur.

La présence au corps

Le temps alloué en présence du corps sert à finir les dialogues non terminés avec le défunt, à prodiguer des marques de tendresse, à faire des demandes de pardon, des souhaits de départ, etc. Chez ceux et celles qui se sont prêtés à ces rites, on a constaté une nette diminution de la peur de la mort. Certains centres hospitaliers prévoient une « chambre funéraire » où les familles peuvent jouir d'un temps d'intimité avec le défunt. À la mort d'un enfant, le personnel des centres hospitaliers encourage de plus en plus les parents à le laver, à le vêtir et à le bercer une dernière fois. Une mère de famille se souvient de l'immense consolation éprouvée lorsqu'elle a bercé sa fille de 18 ans qui s'était suicidée.

Au salon funéraire

L'exposition du corps

L'exposition du corps constitue un moment important pour les deuilleurs, une sorte de reprise de possession du corps embaumé. Si celui-ci reflète le calme et la paix au lieu des tensions que la maladie avait laissées, les parents et les proches en gardent un souvenir réconfortant. Lors de l'exposition de ses deux fils décédés dans un accident de la route, nous craignions la réaction émotionnelle de la mère. Mais à notre grand étonnement, celle-ci s'empara d'un peigne pour replacer leurs cheveux. Elle venait de reprendre possession de ses garçons.

Parents et amis ont une chance unique d'avancer dans leur deuil en parlant au mort. Ils ont l'occasion d'exprimer leurs pardons, d'achever les dialogues non terminés, de réciter des prières pour le repos de l'âme, de faire leurs adieux, etc. Les parents reçoivent les marques de sympathie et s'en trouvent consolés. C'est un moment précieux de socialisation et de réconciliation, où parfois des membres de la famille éloignés par la distance ou par des brouilles se retrouvent et saisissent l'occasion de faire la paix. Pendant l'exposition du corps, certains endeuillés demandent de faire jouer une musique que le défunt aimait. D'autres s'organisent pour présenter un diaporama illustrant sa vie. Il y a aussi les moments où l'on permet aux gens d'aller s'agenouiller devant le mort pour prier. Cette pratique, qui malheureusement se perd, permet le recueillement et favorise le sens religieux des deuilleurs.

Fermeture du cercueil

C'est là un moment éprouvant pour les membres de la famille, un temps d'intense séparation. Il faut prendre le temps de faire les adieux. Certains entrepreneurs exigent que la famille se retire à ce moment-là, afin d'éviter les effusions émotionnelles. Si les entrepreneurs se sentent capables de bien gérer ces moments d'émotivité, il faudrait inviter la famille à assister à ce moment.

La cérémonie funéraire dans le salon

Il est de plus en plus courant qu'un prêtre, un diacre ou un célébrant laïque préside une cérémonie funéraire sans messe dans la chapelle ardente du salon funéraire. C'est là un moment propice pour donner à la mort un sens religieux.

Au crématorium

Le moment de la crémation

La crémation est permise par l'Église catholique depuis environ 1963. Mais elle est formellement interdite pour les orthodoxes, les juifs et les musulmans. Quand le corps du défunt n'est pas exposé, le risque est plus grand d'éviter son deuil.

D'habitude, les membres de la famille n'assistent pas à la crémation du corps, pour éviter d'évoquer des souvenirs trop pénibles qui peuvent rester longtemps dans l'imaginaire des endeuillés.

Souvent, on ne sait pas quoi faire durant le temps de la crémation, parce que cette activité se prête difficilement à une symbolisation.

On a bien voulu donner au feu une valeur symbolique de purification, mais il réveille aussi des fantasmes plutôt dévastateurs : incendie, catastrophe, douleurs, etc. Certains entrepreneurs de pompes funèbres réunissent les membres de la famille et les proches pour leur offrir une collation.

La présentation de l'urne funéraire

Plusieurs familles ne savent pas quoi faire avec l'urne funéraire. Au début, elles lui accordent une place centrale, dans le salon, par exemple, où elle rappelle constamment la mort. Cela peut toutefois favoriser longtemps le déni et conduire à des troubles psychologiques pour les survivants. En effet, nous l'avons vu plus tôt, dans certaines familles, toute l'importance est mise sur le défunt, au point de négliger les autres membres qui sont bien vivants. Parfois, l'urne funéraire finit par être lugubre et devenir encombrante.

Rappelons que le corps du défunt n'appartient pas seulement à la famille, qui pourrait en disposer comme bon lui semble. Celui-ci appartient aussi aux proches et à la communauté dans laquelle le défunt a vécu. Il importe donc de trouver un endroit officiel pour y déposer les cendres. De cette façon, on permet à tous ceux et celles qui ont connu le défunt d'y avoir accès pour continuer leur deuil.

À l'église

Le transport du corps ou des cendres dans l'église

Dans l'ensemble des rituels funéraires, on constate que le passage par l'église est de moins en moins choisi par les familles, même si bon nombre de défunts étaient croyants. Pourquoi ? Pour gagner du temps. Pour ne pas ajouter à la souffrance des personnes en deuil. Pour épargner des frais. Pour ne pas gêner les non-pratiquants...

Lorsque les familles choisissent de venir à l'église, elles sont accueillies de plus en plus par des laïcs, formés pour prendre en charge la cérémonie funéraire. Ceux-ci proposent diverses possibilités pour personnaliser le rituel : choix de textes liturgiques, pistes d'homélie, lecture de textes signifiants, de testament spirituel, de témoignages, choix de musique, présentation d'objets symboliques, etc. Et tout cela, dans un contexte de recueillement, de prière, de nombreux moments nécessaires pour aider à faire le deuil.

L'exposition de l'urne funéraire

À certains endroits, on a pris l'habitude d'exposer l'urne funéraire accompagnée d'une large photo du défunt. Nous sommes habituellement contre l'apport des photos qui, rappelant trop le défunt vivant, contribuent au déni du deuil.

Au cimetière

Rares sont les familles qui se rendent à la fosse où seront enterrés le corps ou les cendres du défunt. Pourtant, ce rituel très puissant revêt une grande importance, puisqu'on confie le corps de l'être aimé à la Terre-Mère d'où il a été engendré.

La mise en terre donne lieu à des gestes rituels significatifs et à des prières qui, bien choisies, lui confèrent beaucoup de sens. Le fait de jeter des fleurs ou une poignée de terre sur le cercueil marque dans les esprits la séparation du défunt.

Le repas funéraire

Le repas revêt un sens symbolique de consolation et de resserre-
ment des liens de la communauté. Il s'agit d'un temps fort de
socialisation. Il permet à toute la communauté de se rappeler des
souvenirs permanents et lui donne le sentiment d'avoir accompli
ses devoirs culturels pour honorer la dépouille mortelle du défunt.

La commémoration aux anniversaires et durant le temps des Fêtes

Certaines paroisses et coopératives funéraires célèbrent le premier anniversaire des défunts au cours de l'année. Cela donne
lieu à un déploiement de créativité et à la création de rituels signifiants. On peut par exemple mettre l'accent sur l'héritage spirituel
des défunts à leurs familles.

La création d'un rituel

Les fonctions du rituel

Un rituel est un théâtre de l'âme, au cours duquel on exprime les
mouvements intérieurs de son âme. Il permet de créer un espace
de créativité nouvelle, de faire du neuf pour soi, sans s'alourdir du
passé. Il établit un dialogue entre son moi et son soi profond, le
divin en soi peut alors s'exprimer.

On peut affirmer les ressources inconscientes sacrées en soi et
leur donner une forme d'expression extérieure à soi. Le rituel
permet aussi un dialogue avec les différentes parties de soi qui, en
apparence, semblent s'opposer.

Il stimule l'imagination créatrice en lui permettant de s'exprimer par des gestes symboliques, dans un décor fait, lui aussi, d'objets symboliques.

Les étapes de la création d'un rituel

A. Préparation

1. Les thèmes majeurs du rituel

a. Expliciter les intentions poursuivies dans le rituel d'une manière la plus spécifique et la plus concrète possible. Qu'est-ce qu'on veut atteindre au cours du rituel?

b. Identifier les besoins qui forment les intentions.

c. Permettre aux images d'émerger, les images des intentions et celles des besoins sous-jacents aux intentions. Décrire ses images d'une manière la plus détaillée possible.

d. Laisser monter les obstacles à la réalisation de ses intentions avec les images qui les décrivent.

e. Permettre aux images des intentions ainsi qu'à celles des désirs et des obstacles de s'incuber pour former un tout, une histoire.

f. Utiliser les images pour provoquer des idées sur le déroulement de la cérémonie. Se demander comment ses intentions pourraient s'affirmer dans la cérémonie.

g. En même temps, se demander comment les « obstacles » pourraient eux aussi trouver leurs « formes » d'expression.

h. Demander quelles ressources transpersonnelles on aimerait invoquer tant pour formuler ses intentions que pour aider à traverser les obstacles.

2. Préparation personnelle

a. Comment se préparer mentalement pour éliminer les préoccupations extérieures ou les interférences émotionnelles afin d'être présent à la cérémonie (purification, jeûne, silence, méditation, etc.)?

b. Se compromettre dans une affirmation privée ou publique dans la croyance en l'efficacité du rituel.

c. Ouvrir son cœur et son âme pour permettre aux ressources intérieures d'effectuer la transformation désirée.

B. Création d'un espace et d'un temps sacrés de manière à séparer le rituel ou la cérémonie de la vie quotidienne

a. Se choisir un endroit spécial.

b. Former un cercle pour en délimiter l'espace.

c. Créer un centre qui devient le focus du cercle.

d. Sanctifier l'endroit du rituel; bénir les quatre points cardinaux, ainsi que le haut et le bas.

e. Pour s'aider dans la transformation, faire appel à ses ressources spirituelles : son guide intérieur, ses ancêtres ou encore les personnages de sa foi. Chaque ressource pouvant apporter un élément d'aide, comme la lumière, le courage, la détermination, l'affirmation concrète, le choix des moyens, etc.

f. Afin d'élever le niveau de conscience, accompagner le rituel par des chants, des tambours, des mouvements, de la médita-tion, etc. Il faut que les différents éléments de la célébration aient une fonction précise en relation avec les buts du rituel.

C. Période d'incubation

a. Exprimer symboliquement les intentions.

b. Transiger avec les obstacles en les incorporant au rituel.

c. Dialoguer avec les témoins, le soi profond, la divinité.

d. Introduire des défis : les témoins posent des questions ; certains dramatisent les obstacles ; des parties du soi qui s'opposent.

e. Faire des offrandes.

f. Exprimer un engagement ou dire une phrase d'acquiesce-ment qui permet de créer une nouvelle réalité pour soi. Prières aux ressources spirituelles pour une aide spéciale.

g. Chants, mouvements, sons, danses, visualisations, silence. Plus le milieu est rempli de sons, de mouvements, de cou-leurs, etc., plus il y a de circuits nerveux ouverts à la transformation.

h. Permettre aux intentions et aux images d'émerger spontané-ment durant la cérémonie.

i. Accueillir et accepter les nouvelles prises de conscience.

j. Faire en sorte de réaffirmer les intentions comme le point culminant du rituel.

D. Conclusion du rituel : le retour à la vie normale

a. Faire un geste manifestant la fin de la cérémonie.

b. Remercier la divinité, les parties de soi, les témoins, de leur présence. Déclarer la fin du rituel avant de quitter le cercle.

c. Partager des boissons et de la nourriture avec l'intention de célébrer la transformation.

E. Rôle des témoins

a. Laisser de côté tous les jugements ou critiques, même intérieurs.

b. Ouvrir leur cœur et leur esprit. Conserver l'énergie du cercle.

c. Être présents à tout ce qui arrive.

d. Participer quand on requiert leur aide.

e. Éviter d'apporter leurs préoccupations propres et leurs soucis dans le cercle.

Le rituel de l'héritage, présenté précédemment aux pages 102 et 103, illustre bien ce schéma général du rituel. Voici un autre exemple de rituel.

Rituel pour une femme qui a subi un avortement

Anita, travailleuse sociale, a perdu son enthousiasme pour son travail. Elle élève ses trois enfants et vit une relation plutôt passable avec son mari. Malgré sa situation de bonheur apparent, elle parvient ni à s'aimer ni à être heureuse dans la vie. Elle éprouve sans cesse un sentiment de culpabilité ; elle se montre constamment insatisfaite : sa maison n'est pas assez propre ; ses enfants ne sont pas assez sages ; son mari n'est pas assez présent, etc.

Anita demande un entretien en thérapie. Au cours de cette rencontre, elle révèle qu'à l'âge de 17 ans, elle a subi un avortement. Elle entretenait à l'époque une relation destructrice avec un homme marié, alcoolique de surcroît, qui ne tenait pas à avoir une relation durable avec elle. Une fois enceinte, elle redoutait la réaction de son propre père, qui l'aurait sûrement mise à la porte de chez lui. La seule issue qu'elle voyait était l'avortement. Par la suite, sa culpabilité s'est amplifiée d'année en année, empoisonnant toute son existence. Même si elle s'était résignée à poser ce geste fatal, elle comptait les années et imaginait l'évolution de cet enfant.

Nous lui avons proposé un rituel, afin de faire une fois pour toutes le deuil de son enfant. Anita a accepté. La semaine suivante, elle s'est présentée quelque peu réticente, prétextant que ce n'était pas si grave et qu'au fond, sa situation dans la vie n'est pas si mal. Elle a tout de même consenti à accomplir le rituel recommandé et à lâcher prise et à se laisser guider dans le processus pour accomplir le rituel recommandé. Nous avons bandé les yeux d'Anita et nous lui avons donné une motte de glaise, sans lui donner de directives. En silence, elle s'est mise à triturer et à modeler la terre glaise, jusqu'à ce qu'elle décide d'arrêter et d'enlever son bandeau. Ouvrant les yeux, elle a décrit le fruit de son travail. Le morceau de terre représentait le fœtus dont elle s'était fait avorter.

Nous lui avons proposé de parler au fœtus, de lui raconter ce qu'elle avait vécu lors de l'avortement. Elle a préféré le bercer, comme elle l'avait fait pour ses autres enfants. Puis, elle s'est promenée dans la pièce avec lui dans les bras. Peu à peu, elle s'est mise à lui raconter son histoire, lui expliquant pourquoi elle n'avait pas pu le garder et combien elle regrettait son geste. Elle lui a donné le nom d'Antoine et elle lui a demandé pardon pour son geste obligé. Elle a pris tout le temps nécessaire pour achever son dialogue avec Antoine.

Ensuite, Anita lui a construit un cercueil, garni de ouate pour le rendre confortable. Puis elle a décidé de l'enterrer. Nous sommes alors sortis pour trouver un endroit adéquat. Lorsqu'elle a vu la rivière qui coulait devant la maison de thérapie, elle a choisi de le déposer dans la rivière. Anita a alors cueilli des fleurs des champs pour faire un beau bouquet qu'elle déposa sur le cercueil d'Antoine. Elle lui a redit combien elle l'aimait et qu'elle le garderait pour toujours dans son cœur. Et elle a laissé le cercueil partir avec le courant. Anita s'est alors sentie envahie d'une grande paix.

Depuis, Anita a repris avec enthousiasme sa vie de femme, de mère de famille et de travailleuse sociale, avec le sentiment d'avoir beaucoup changé, pour le mieux.

CONCLUSION

Le groupe d'entraide sur le deuil remplacera-t-il les rituels ?

A u tout début de cet ouvrage, nous avons traité de la perte progressive des rituels institutionnalisés, due à des causes psychologiques et sociologiques. Est-il encore possible de progresser dans la résolution du deuil sans rituels ? L'apparition des petits groupes de deuil répond à l'urgence d'intervenir dans les deuils. Ils sont surtout animés par des bénévoles ayant eux-mêmes résolu leur deuil. Forts de leur expérience et de leurs connaissances des étapes du deuil, ils remplissent leur rôle d'« écoutants », fournissant ainsi aux endeuillés un lieu de parole. Ils ont appris l'art d'écouter les endeuillés et leurs confidences. Comme bénévoles, ils sont bien conscients de ne pas dépasser les limites de leur compétence. Ainsi, ils évitent de faire de la thérapie.

Nous avons été témoins, ces dernières années, de la création de tout un réseau de « petits groupes » chargés de soutenir les deuilleurs. Les leaders de ces groupes mettent les participants à l'aise par leur accueil chaleureux, les informent sur les étapes du deuil, présentent un thème touchant le deuil et aident les endeuillés à s'exprimer, pendant que les autres participants les écoutent dans le respect. En plus de leur rôle d'informateurs, ils se font animateurs. Pour bien marquer la différence entre ces deux rôles dans le groupe, ils doivent agir de la façon suivante : s'ils sont informateurs, ils se tiennent debout et répondent aux questions ; s'ils deviennent animateurs, ils s'assoient en rond avec les deuilleurs, les écoutent et ne répondent plus aux questions, mais les renvoient au groupe.

Le rôle des animateurs consiste à diriger les interventions, à encourager l'expression des émotions et sentiments, à décourager les conseils intempestifs et les interprétations sauvages. Ils voient à répartir le temps d'une session afin que chaque participant ait la chance de raconter son histoire. Certains proposent aux deuilleurs des exercices volontaires à accomplir pour leur prochaine session de deuil.

S'il arrive qu'un participant soit aux prises avec des problèmes psychologiques plus lourds et dérange le groupe, le leader doit lui conseiller de consulter un professionnel de la santé.

Les résultats escomptés

Les groupes de deuil sont avant tout un lieu de partage et de soutien. Les deuilleurs parlent de leurs émotions et de leurs sentiments : la tristesse, leur impuissance devant ce qui leur arrive, leur colère, leur honte, leur sentiment d'être libérés, etc., ce qu'il leur est souvent interdit d'exprimer dans leur milieu familial. Certains groupes n'acceptent pas dans leur assemblée des membres d'une même famille ; cela permet aux gens de se sentir libres de parler, sans vouloir constamment protéger un parent.

À la fin du parcours d'un groupe, nombreux sont les deuilleurs qui ont l'impression de passer de la survie à la vie. Ils étaient meurtris, ils ressortent transformés. Certains retrouvent leurs valeurs spirituelles et même religieuses. Ils jouissent davantage des petites choses de la vie, ils ont des projets d'avenir et caressent l'espoir de se faire des amis, même des amoureux.

Malgré notre appréciation des rites funéraires institutionnalisés, nous constatons que les endeuillés y ont de moins en moins recours ou les abrègent, au point où les rituels perdent leur sens. Par contre, nous constatons la multiplication des groupes de deuil. Ceux-ci ne remplacent pas le besoin de rites funéraires et, à notre avis, ils sont encore insuffisants dans certaines régions.

Pour répondre à ce besoin urgent, La Maison Monbourquette a créé un centre d'information et de formation pour les nouveaux animateurs de groupes de deuil.

BIBLIOGRAPHIE

ABRAMS, Rebecca (1995). *Le deuil, une épreuve de croissance,* Paris, Éditions du Rocher.
(Ce livre est le témoignage d'une jeune Anglaise de 18 ans qui a perdu son père puis son beau-père à deux ans d'intervalle.)

DAURAY, Chantal (2004). *Réinventez vos cérémonies, fêtes et rituels,* Montréal, Publistar, Stanké.

FRANKL, Viktor (1988). *Découvrir un sens à sa vie,* Montréal, Actualisation, Éditions de l'Homme.

FAURÉ, Christophe (2007). *Après le suicide d'un proche : vivre un deuil et se reconstruire,* Paris, Éditions Albin-Michel.

FAURÉ, Christophe (2004). *Vivre le deuil au jour le jour,* Paris, Éditions Albin Michel.

HANUS, Michel, et autres (2007). *Le grand livre de la mort,* Paris, Éditions Albin Michel.

HOPE, Murry (1988). *The Psychology of Ritual,* Dorset, Element Books.

LEVY, Alexander, et Larry COHEN (2005). *Surmonter le deuil de ses parents,* Paris, Éditions Dunod.

MESSORI, Vittorio (1984). *Pari sur la mort : l'espérance chrétienne : réalité ou illusion?,* Paris, Mame.

MONBOURQUETTE, Jean (1993). *Groupes d'entraide pour personnes en deuil : comment les organiser et les diriger,* Ottawa, Novalis.

MONBOURQUETTE, Jean (2004). *Grandir : aimer, perdre et grandir,* Ottawa, Novalis.

MONBOURQUETTE, Jean (2003). *Stratégies pour développer l'estime de soi et l'estime du Soi,* Paris/Montréal, Bayard/Novalis.

MONBOURQUETTE, Jean (2008). *La mort, ça s'attrape!*, Novalis, Ottawa.

MICHAUD, Josélito (2006). *Passages obligés*, Montréal, Éditions Libre Expression.

THOMAS, Louis-Vincent (2003). *La mort*, Paris, Les Presses Universitaires de France.

VON FRANZ, Marie-Louise (1987). *On Dream and Death : A Jungian Interpretation*, Boston, Shambhala.

Articles

FAURE, Pierre, « À propos de crémation », *Croire aujourd'hui*, 78, octobre 1999.

HERVIEU-LÉGER, Danièle, « Crémation, socialisation, rite », *La Maison-Dieu*, 213, 1998, p. 59-68.

HANUS, Michel, « Les implications psychologiques de la crémation », *La Maison-Dieu*, 213, 1998, p. 69-80.

HUGUES, Jean-Claude, « La crémation et ses risques pour l'anthropologie chrétienne », *La Maison-Dieu*, 213, 1998, p. 81-96.

MONBOURQUETTE, Jean, « La mort symbolique comme thérapie du deuil », *European Journal of Palliative Care*. 1re partie : Printemps 1996, *vol. 3*, 1, p. 21-26 ; 2e partie : Été 1996, *vol. 3*, 2, p. 75-84.

POIRÉ, Marie-Josée, « Le rituel des funérailles de Trente à Vatican II », *Christus : Mourir entre tes mains*, 184, octobre 1999, p. 419-423.

Sites Internet consultés

Note : Tous les sites ont été consultés le 29 octobre 2010.

Au Québec

Les Amis compatissants du Québec
www.amiscompatissants.org
Organisme composé de parents qui ont déjà perdu un enfant. Leur but est de soutenir les parents qui vivent le deuil de leur enfant. Ils offrent notamment des rencontres un peu partout au Québec.

La gentiane
lagentiane.org
Un service des coopératives funéraires du Québec offrant plusieurs services aux endeuillés : informations générales sur le deuil, textes poétiques, témoignages des endeuillés, etc.

Cimetière Notre-Dame-des-Neiges
www.cimetierenotredamedesneiges.ca/fr/ services/soutien.aspx
Ce site offre notamment, dans sa section « Services », des dépliants de soutien sur divers sujets entourant le deuil, sous la forme de documents à télécharger.

La Maison Monbourquette
www.maisonmonbourquette.com
Ressources et soutien (ligne d'écoute, rencontres individuelles et de groupe, etc.) aux personnes qui vivent un deuil, principalement dans la région de Montréal. La ligne d'écoute est accessible gratuitement de partout au Québec.

Pallia-Vie

www.pallia-vie.ca/services
Organisme de la région des Laurentides qui offre des services gratuits d'accompagnement professionnel à domicile ou dans ses bureaux. Il tient aussi des ateliers dans la grande région de Montréal avec des groupes d'enfants ou d'adolescents qui vivent un deuil ou sont sur le point d'en vivre un.

Parent Étoile

www.parent-etoile.com
Cet organisme tient des séries d'ateliers dans la grande région de Montréal avec des groupes d'enfants ou d'adolescents qui vivent un deuil ou sont sur le point d'en vivre un.

Regroupement des intervenants pour groupe d'endeuillé

www.groupededeuil.com
Réseau de personnes qui animent des groupes d'entraide sur le deuil. Cet organisme tient des rencontres d'entraide dans la région de la Rive-Sud de Montréal.

Service de suivi de deuil Lise Godin (Leucan)

www.leucan.qc.ca/fr/services/deces
Écoute, soutien et entraide offerts aux parents qui ont perdu un enfant malade du cancer.

Solidarité - Deuil d'enfant

www.sdequebec.ca
Organisme de soutien aux familles de la région de Québec vivant le deuil d'un enfant. Il offre notamment des rencontres mensuelles, une ligne téléphonique et une bibliothèque.

En France

Apprivoiser l'absence

www.apprivoiserlabsence.com

Association qui organise des groupes d'entraide dans certaines régions (surtout la région parisienne) pour les parents qui ont perdu un enfant. On y donne aussi des informations sur certaines activités sur le sujet.

Deuil-Suicide.org

www.deuil-suicide.org

Site d'entraide pour les personnes qui vivent un deuil par suite d'un suicide. Ce site a été mis en place par Familles Rurales – Fédération de la Sarthe.

Jonathan Pierres Vivantes

www.anjpv.asso.fr

Association de parents bénévoles ayant perdu un enfant. On y trouve aussi des pages pour les frères et sœurs endeuillés, ainsi que des forums.

Naître et vivre

www.naitre-et-vivre.org

Cette association offre un accompagnement aux parents qui ont perdu un enfant avant, au moment ou après la naissance jusqu'à l'âge de trois ans.

Traverser le deuil

www.traverserledeuil.com

Ressources sur le deuil mises en place à partir des ouvrages de Christophe Fauré. Le site propose notamment des textes d'information, un forum, des pages souvenirs et un programme d'accompagnement par modules qu'il est possible d'acheter en ligne.

ANNEXE

Centration

Objectif : nommer le deuil à travailler aujourd'hui,
en faisant confiance à l'inconscient

Je vous invite à vous installer confortablement... Sentez vos pieds bien à plat sur le sol, prenez contact avec vos jambes, vos genoux, vos cuisses, sentez votre bassin en contact avec le siège de la chaise... Sentez votre dos appuyé au dossier, prenez contact avec votre ventre, votre poitrine, vos épaules, vos bras... Sentez vos mains appuyées sur vos cuisses ou sur vos genoux... Relâchez les muscles de votre visage et laissez flotter votre tête doucement au-dessus de vos épaules...

Observez les objets dans la pièce... puis fermez les yeux si vous le désirez pour entrer à l'intérieur de vous-même...

Vous écoutez les bruits autour de vous... et cela vous permet d'entrer davantage en vous-même...

Observez si votre inspiration est plus courte ou plus longue que votre expiration...

Imaginez-vous dans une plaine, au pied d'une montagne, un beau jour ensoleillé. Vous profitez de l'énergie des rayons du soleil qui vous réchauffent. Vous suivez un sentier vous conduisant au pied de la montagne. Peu à peu, vous vous retrouvez dans un jardin luxuriant. Vous avez l'impression d'être dans un paradis terrestre : les plates-bandes de fleurs exotiques variées vous remplissent la vue et le cœur de joie ; les arbres fruitiers produisent des odeurs délicieuses et des parfums subtils ; les oiseaux font entendre un concert de chants. Vous êtes envahi par toutes ces sensations bienfaisantes qui réveillent vos sens et les stimulent.

Dans ce jardin de délices, vous repérez un lieu qui vous est familier. Vous le reconnaissez, c'était le lieu de votre enfance où vous alliez vous réfugier quand vous vouliez être tranquille. Ce lieu était votre confident. Il était le témoin de vos pensées secrètes, de même que de vos joies et de vos peines. Vous laissez monter en vous des souvenirs d'événements et de gens importants qui ont peuplé votre enfance.

Peu à peu, des souvenirs heureux et malheureux vous viennent à l'esprit. Vous visitez votre vie, à partir d'aujourd'hui, de l'âge adulte, à jeune adulte, à l'adolescence, durant l'enfance... et vous en profitez pour vous laisser enthousiasmer par les souvenirs heureux qui ont contribué à la construction de votre estime de vous-même. Quant aux souvenirs malheureux, vous saisissez l'occasion d'en faire le deuil.

Laissez votre inconscient vous révéler la perte à travailler. Prenez celle qui a le plus d'intensité. Une fois qu'elle s'est nommée à vous, laissez venir à vous les images... qu'observez-vous ? Comment vous voyez-vous ? Y a-t-il des personnes ou des visages ?

Demeurez en lien avec votre perte, ouvert à ce qu'elle a à vous révéler aujourd'hui.

Laissez monter en vous les dialogues, ce qui s'est dit lors de ce deuil, ce que vous vous êtes dit en vous-mêmes...

Accueillez-vous avec bienveillance, respect... Continuez à entendre les paroles intérieures...

Toujours en restant présent à votre perte, recevez le sentiment qui émane en vous face à cette perte. Peut-être y a-t-il plusieurs émotions, accueillez-les... donnez-leur de l'espace en vous.

Faites de votre intériorité un lieu d'accueil, demeurez avec ça...

Remerciez votre inconscient de ce qu'il vous a livré aujourd'hui.

Préparez-vous maintenant à revenir dans la salle... Revenez présent à ma voix... Lorsque vous êtes prêt, ouvrez les yeux... et prenez conscience de la place que vous occupez dans le groupe... Étirez-vous, frottez vos mains ensemble... Bien.

Partage de l'expérience en dyade

Suggestions de questions

- Quand avez-vous appris que X allait mourir ?

- Qui vous a annoncé son décès ?

- Comment s'est passé le décès ?

- Qu'est-ce que vous avez vécu à ce moment-là ?

- Qu'est-ce que la personne décédée représentait pour vous ?

- Qu'est-ce qui vous manque le plus ?

- Quels sont les impacts de cette perte dans votre vie ?

- Qu'est-ce que vous auriez aimé dire à X avant qu'il ou elle meure ?

TABLE DES MATIÈRES